DYDDIE DA
Atgofion drwy Ganeuon

Dyddie Da
Atgofion drwy Ganeuon

Delwyn Siôn

Gwasg Carreg Gwalch

Argraffiad cyntaf: 2024

Hawlfraint geiriau'r caneuon: Delwyn Siôn
Hawlfraint y gyfrol: Gwasg Carreg Gwalch 2024

ISBN clawr meddal: 978-1-84527-700-0
ISBN elyfr: 978-1-84524-610-5

CYNGOR LLYFRAU CYMRU

Cyhoeddwyd gyda chymorth Cyngor Llyfrau Cymru

Cynllun y clawr: Eleri Owen

Cyhoeddwyd gan Wasg Carreg Gwalch,
12 Iard yr Orsaf, Llanrwst, Dyffryn Conwy, Cymru LL26 0EH.
Ffôn: 01492 642031
e-bost: llyfrau@carreg-gwalch.cymru
lle ar y we: www.carreg-gwalch.cymru

Argraffwyd a chyhoeddwyd yng Nghymru

Rhagair

'Bûm yn hir yn sad gysidro,' medd yr hen bennill. Ac yn wir i chi, dyna oedd fy hanes wrth ystyried ysgrifennu'r llyfr hwn. Gwrthod y cynnig wnes i'n wreiddiol, ond yna mi gytunais, a hynny, yn fwy na dim, er mwyn cael rhoi peth o hanes fy nheulu ar gof a chadw.

Man a man i mi gyfaddef yn syth – mae fy nghof fel shife (rhidyll neu ogor i chi sy' ddim yn dod o 'sweet 'Berdâr'). Felly yr hyn dwi'n gofio sydd yma, neu'n gywirach, yr hyn dwi'n gofio o'r hyn dwi'n gofio! Ond 'na fe, ma' hwnna'n well na dim, 'sbo. Wel, gobeithio!

Felly, ddarllenwyr hoff, darnau amrywiol o fy nhaith sydd yma, ac ar y daith mi fydd 'na eiliadau o lawenydd ac eiliadau o dristwch. Fe gewch gwrdd â fy nheulu a 'nghyfeillion, yn ogystal â Kate Roberts, Cefin Roberts, Custer, Nansi, Tomi, Lleucu Llwyd, William B, Maxwell B, Ac Eraill … ac eraill!

Mae 'na hen bennill arall yn dweud, 'Bûm edifar fil o weithiau, am lefaru gormod geiriau'. Dwi'n gobeithio na fydd hynny'n wir am f'atgofion i, na chwaith am y rhagarweiniad yma.

Ond cyn cwpla, mae 'na bobol mae'n rhaid i mi ymddiheuro iddyn nhw – hynny yw, pawb a rannodd y daith ac sy' ddim yn cael eu henwi o fewn cloriau'r llyfr hwn! Mae 'na lu ohonoch, mi wn. Ac mae 'na bobol mae'n rhaid i mi ddiolch iddyn nhw: Ian Lawrence am y llun ar y clawr, Myrddin ap Dafydd a Gwasg Carreg Gwalch am y cyfle, bois y bandiau am y gwmnïaeth, y profiadau a'r nodau, ac Ysgol Gymraeg Aberdâr ac Ysgol Gyfun Rhydfelen am flynyddoedd o lawenydd ac ysbrydoliaeth.

Ond mae'r diolch mwyaf i fy nheulu, ac iddyn nhw dwi'n cyflwyno'r llyfr hwn: i Ann, Lowri a Justin, Meilir a Marged.

Ac er cof am fy rhieni a Nain a Taid.

Cynnwys

1.

Cwm Cynon

Trwy yr afon yn droednoeth,
Hyd y strydoedd twym a gwlyb,
Heibio'r glowyr ar y palmant
A'u sôn am ddyddiau gwael a'r gwaith/gwaeth a fu.

Diwrnod arall rhwng y bryniau noeth,
Gwrida'r haul wrth fynd i lawr.
Y tir a'r nos yn un,
A hud y cymoedd du yn dawnsio cylchoedd gylch y lloer.
Cwm Cynon yn yr haf.

Hyd y mynydd yn fore,
Gwlychu'n crysau yn y gwlith,
Cerdded eto rhwng y pyllau,
Yn dawel nawr a'r cylchoedd dur yn fud.
Diwrnod arall ...

Aeth blynyddoedd heibio'n dawel,
Gwêl y plentyn nawr yn ddyn.
Mae'r cwm ei hunan wedi newid,
Ond ambell waith, fe welir ar ambell ddydd
Ddiwrnod arall ...

Cwm Cynon yn yr haf.

Tua tri chan mlynedd yn ôl fe benderfynodd dau deulu adael eu bro a symud i gymoedd y de. Pam penderfynu symud? Alla i ddim dweud wrthoch chi, ond o'n nhw ddim ar eu pennau'u hunain. Fe aeth yna lawer, cannoedd, miloedd, yn gwmni iddyn nhw. Falle bod bywyd cefn gwlad wedi mynd yn ormod iddyn nhw; wedi'r cyfan, roedd bywyd ar y tir yn galed, roedd hi'n gyfnod cau'r tiroedd comin, roedd yna gynaeafau gwael wedi bod, falle bod yna broblemau etifeddiaeth, neu falle'u bod nhw'n gweld man gwyn man draw, a chyfle am fywyd gwell. Aeth rhai teuluoedd i'r gorllewin ar draws y môr i America bell, ond fe aeth y ddau deulu arbennig yma i'r de ac i'r dwyrain.

Aeth y teulu Harries o sir Frycheiniog lawr i ardal y diwydiant haearn ym Merthyr, ac yna ymlaen i Ystradfellte ac i Gwm Nedd. Yno, fe fuon nhw'n gweithio ar y gamlas yn cludo nwyddau i Gastell-nedd ac Abertawe, cyn ymgartrefu ym mhentref Glyn-nedd, a bwrw lawr dan ddaear ym mhyllau glo'r ardal. Fe briododd un ohonyn nhw, colier o'r enw Jonah, gyda merch leol o'r enw Hannah, ac fe gawson nhw bedwar o blant – Wil, Elizabeth, Irene a Nesta. Nesta oedd fy mam.

Symud o'r gorllewin wnaeth y teulu arall, teulu'r Dafisiaid, o ardaloedd Llanboidy a Llandudoch, ac ymgartrefu yng Nghwm Cynon, yn Aberdâr, 'sweet 'Berdâr – brenhines y Cymoedd', a hynny er mwyn gweithio'n y glo. Ymgartrefu ar y Gadlys i ddechrau, gan gadw tri lojer o ardal Llandudoch a Llangrannog, yna symud nes lawr y Gadlys wedi dechrau magu teulu, a bellach cadw dau lojer. Ryw ganrif yn ddiweddarach fe symudodd fy nhad-cu a'm mam-gu, James a Margretta Davies, o'r Gadlys i Faes-y-dre, ac yno fe aned eu plant – Elizabeth, Martha, Emrys, William Christmas a Jenkin Thomas Davies, sef fy nhad.

Fe aned fy nhad ym 1904, ac ym 1918 yn bedair ar ddeg mlwydd oed fe aeth fel gweddill dynion y teulu lawr y pwll. Ei ddymuniad oedd bod yn athro, ond doedd hynny ddim yn bosib yn y cyfnod hwnnw, roedd angen cymorth ariannol i gynnal y teulu, felly dilynodd ei dad i'r ddaear ddu, ac yno buodd e 'sbo

1939 pan amharwyd ar ei yrfa lofaol gan yr Ail Ryfel Byd. Fe adawodd y pwll i ymladd yn erbyn lluoedd Hitler. Nawr, byddech chi'n disgwyl i löwr fynd i'r fyddin i gloddio ffosydd neu dyllu dan linellau'r gelyn a gosod ffrwydron, ond na! Fe aeth fy nhad o berfeddion y ddaear i ymuno â'r RAF, ac fe'i danfonwyd o byllau'r 'Deep Sowth' i'r Dwyrain Canol, ac yno buodd e tan ddiwedd y rhyfel pan alwyd e sha thre am fod ei frawd Emrys wedi marw'n ddisymwth. Barbwr oedd Emrys, ac roedd y teulu wedi codi les ar siop yng nghanol Aberdâr; felly, unwaith yn rhagor, doedd dim dewis gan fy nhad – o'r pwll i'r RAF, a nawr o'r RAF i salon y barbwr. Cafwyd arwydd newydd uwchben drws y siop – Jenkin T. Davies, Hairdresser and Tobacconist – a dyna lle buodd fy nhad weddill ei ddyddiau gwaith.

Ond er ei fod e heb fynd 'nôl at y coliers, roedd y coliers yn dal i ddod ato fe, a nhw oedd ei gwsmeriaid ffyddlon tan y 6oau pan gaewyd y rhan fwyaf o'r pyllau yn yr ardal, ac fe ddechreuodd meibion y coliers dyfu'u gwallt yn hir. A dweud y gwir, roedd pawb yn y cwm â gwallt hir, wel, pawb ond un: ie! – fi, mab y barbwr, neu fab 'Shinc' fel roedd pawb yn fy ngalw. Dwi wedi cael sawl enw yn ystod fy mywyd. Delwyn Siôn Davies oedd ar fy nhystysgrif geni, ond Del o'n i trwy gydol fy mhlentyndod, ar y stryd ac yn yr ysgol gynradd, yna Dej am gyfnod yn yr ysgol uwchradd, DS a Del Boy yn fy ngwaith, Delwyn Siôn ar lwyfan, Dwlwen Siân i fy nghyfaill Emyr Wyn, ac yna, wedi cael plant, tad Lowri, Meilir a Marged o'n i am flynyddoedd. Ond i bawb oedd yn nabod fy nhad – ac mi roedd 'na lot o'r rheina – mab Shinc o'n i.

Dwi ddim yn gwybod pryd na shwt gwrddod Mam a 'Nhad. Roedden nhw'n byw mewn cymoedd gwahanol, mewn cyfnod pan oedd teithio'n beth anghyfarwydd i'r rhan fwyaf o deuluoedd – a doedd dim car gan y naill deulu na'r llall ar y pryd – ond cwrdd wnaethon nhw. Colier oedd tad Mam, colier o'r enw Jonah, ond Siôn roedd Hannah ei wraig yn ei alw, ac ar ei ôl e y cefais i fy enw canol. Buodd Hannah yn edrych ar ôl tir capel yr

Addoldy yng Nglyn-nedd, ac yn ei hieuenctid yn forwyn ym mhlas Aberpergwm, cartref yr enwog Maria Jane Williams a gasglodd rai o'n halawon gwerin gorau, gan gynnwys 'Y Deryn Pur' a'r 'Ferch o'r Sgêr'. Buodd Mam, fel llawer un arall, yn gweithio mewn ffatri fomiau yn ystod y rhyfel, a do, fe syrthiodd siel ar ei throed! A buodd hi'n gwerthu petrol ar sgwâr Glyn-nedd, ei hoff jobyn erioed, medde hi, cyn gadael y cwm ym 1947 i briodi 'Nhad ac i ymgartrefu yn 57 Pembroke Street, Maes-y-dre, Aberdâr.

Mam draddodiadol fuodd Mam erioed, yn gofalu am y cartref a'i theulu, paratoi'r prydau a'r golch a chadw tŷ glân a chynnes ym mhob ystyr y gair. Rown ni'n dau yn dipyn o bartners, a buon ni'n agos iawn ar hyd y blynyddoedd; sai'n credu i ni rannu gair croes erioed, hyd yn oed yn ystod blynyddoedd cymhleth f'arddegau. Roedd hi'n llawn o gydymdeimlad, llawn o gariad, llawn anwyldeb, a llawn llawenydd. O ran cof plentyn, hi dwi'n ei chofio'n edrych ar fy ôl pan o'n i'n dost, ac ar y dyddiau hynny pan doedd dim rhaid mynychu'r ysgol mi fyddai'n darllen stori, tynnu llun, a 'nghael i'w chynorthwyo i wneud tcisen wrth fwrdd y gegin, gyda'r addewid o gael llyfu'r fowlen *buttercream* wedi cwpla! Pan oedd *delivery* glo yn cyrraedd ma's y bac, bydden ni'n dau'n edrych ma's drwy ffenest y gegin i gyfri'r bagiau glo'n cael eu rhoi yn y cwtsh glo. A phan oedd *delivery* cwrw'n cyrraedd tafarn y Whitcombe gyferbyn â ni ma's y ffrynt, yna cyfri'r bareli'n llithro lawr i'r seler oedd y dasg. Hi oedd yno pan own i'n gadael y tŷ yn y bore i fynd i'r ysgol, a hi oedd yno pan own i'n dychwelyd yn y prynhawn. Roedd hi yno i mi bob amser. Er, rhag ofn eich bod chi'n meddwl ei bod hi'n berffaith, mae'n debyg pan oeddwn i ryw chwe mis oed i Mam fynd â mi yn y pram i'r dref i siopa rhyw fore; ar ôl rhyw awr fe ddychwelodd i'r tŷ, ac wrth roi'r bwyd yn y pantri sylweddoli ei bod hi wedi anghofio rhywbeth yn y dref ... Llaeth? Menyn falle? ... Na ... fi! Rown i yn dal yn Lipton's yng nghanol y te, ond yn gwbwl ddiogel yng nghwmni llwyth o famau eraill! Mmm, Mam.

Gweitho yn y siop o 9 y bore tan 7 yr hwyr, o ddydd Llun tan ddydd Sadwrn oedd hanes fy nhad. Barbwr traddodiadol yn ei *overall* llwyd, ac wrth ei fodd yn siarad gyda'r cwsmeriaid; a dweud y gwir roedd y siarad a'r cymdeithasu yn y siop cyn bwysiced os nad yn bwysicach na'r torri gwallt. Pregeth Mam yn aml yn y cyfnod pan oedd cwsmeriaid ac arian yn mynd yn brin oedd 'Jenkin, less jawing and more cutting!' ond ofer fu'r bregeth – galle Dad wilia dros Walia! Ar sawl achlysur fe gafodd anffawd wrth siarad a thorri gwallt yr un pryd. Mae'n siŵr bod rhyw drafodaeth yn digwydd rhwng y cwsmeriaid, a 'Nhad yn troi i fod yn rhan ohoni heb sylweddoli ei fod e'n dal i dorri gwallt ei gwsmer; wrth droi 'nôl bydde fe'n sylweddoli ei fod e wedi torri cymaint o wallt nes creu patshyn moel yng nghefn pen y creadur oedd yn y sedd! Ei ymateb oedd creu *combover* bach i gwato'r camsyniad a datgan, 'Looks like you're losing a bit in the back here, Dai. Touch of alopecia perhaps, wouldn't be surprised if it grew back though!' Ac yn rhyfedd iawn, tyfu 'nôl wnaeth e!

Roedd wastod siarad yn y salon, wastod trafod yr hyn oedd yn y *Western Mail* y diwrnod hwnnw, ac wrth gwrs, roedd y *Western Mail* yn cael ei ddarllen o'r cefn i'r blaen, gan ddechrau gyda'r rygbi a'r criced yn y cefn, yna gweithio 'nôl trwy'r ceffylau at dudalen yr 'obituaries' ac yna at newyddion y dydd yn y blaen. Yn gefndir i'r siarad roedd y radio, a'r cwsmeriaid fel arfer yn cael dilyn hynt a helynt y criced, y Test Match ddiweddaraf neu gemau Morgannwg. Ond yna, pan ddechreuais i ar fy ngyrfa canu, ac y dechreuodd Hywel Gwynfryn ddarlledu ar fore Sadwrn, fe gafodd cwsmeriaid fy nhad glywed canu pop Cymraeg ar y radio am y tro cyntaf, ac mae'n debyg os oeddwn i'n canu, yna mi fyddai'n rhoi'r gorau i dorri gwallt ei gwsmer, troi'r radio reit lan, a chyhoeddi, 'That's my boy!' Ahhh! Dad!

Doedd fy nhad ddim yn y siop bob dydd. Fel gweddill siopau Aberdâr ar y pryd, roedd e'n cael *half-day* ar ddydd Iau, pan fydde fe'n torri gwallt y cwsmeriaid a oedd am ba reswm bynnag yn methu dod i'r siop, ac roedd y rheiny'n cynnwys ein gweinidog, y Parch. Ifor Parri, a'r cyfansoddwr E. T. Davies ('Ynys y Plant') oedd yn byw lawr ym Mhlasdraw. Dwi'n cofio Mam yn fy hala i lawr yna sawl gwaith i moyn Dad, ac i ddweud wrtho bod ei de ar y ford! Doedd dim pwynt ffonio achos doedd gan yr E.T. yma ddim ffôn! Felly, yr unig ffordd i gysylltu oedd cerdded o Faes-y-dre i Blasdraw, curo ar y drws, aros ac aros, nes yn y pen draw byddai E.T. yn dod i'w ateb. A'r un oedd ei eiriau bob tro: 'Na, dyw dy dad ddim yma.' Y gwir yw, mi roedd fy nhad yno, ond roedd sgwrs a chwmni'n rhan bwysig o'r torri gwallt ar brynhawn dydd Iau, ac fel rown i'n sôn, roedd Dad yn gallu siarad, ac E.T. yn falch o'r cwmni llawen.

Yna, nos Sadwrn, noson i'r teulu ymgynnull. Ar ôl gwaith byddai Bopa Mattie a Bopa Beattie, sef chwiorydd fy nhad, ac Owa Wil Rowlands, gŵr Mattie, yn dod i'n tŷ ni i gael swper bach ac i sgwrsio tan yr hwyr, ond ddim yn rhy hwyr, achos roedd hi'n Sul y bore canlynol, ac roedd y Sul yn bwysig i 'Nhad. Eglwyswr oedd e'n wreiddiol, ac mae ei dylwyth wedi'u claddu ym mynwent hynafol Eglwys Sant Ioan, eglwys sy'n dyddio o'r ddeuddegfed ganrif, ond, wedi priodi fe adawodd yr eglwys a dilyn Mam at yr Annibynwyr Cymraeg, ac i gapel Siloa, lle buodd yn aelod ac yn ddiacon hyd ddiwedd ei oes: bore Sul am un ar ddeg, nos Sul am chwech. Gwaith, teulu, capel, dyna oedd patrwm bywyd fy nhad, ac er iddo ddiodde'n enbyd gydag iselder ym mlynyddoedd olaf ei oes, ei agwedd gadarnhaol, obeithiol, a'i lawenydd byddaf i'n ei gofio.

Fe aned fy mrawd Gwynfor ym 1947, a saith mlynedd yn ddiweddarach pan oedd fy nhad yn hanner cant oed, fe'm ganed i. Os odych chi'n gyfarwydd â'r gân 'Whiter Shade of Pale', wel, mae'n debyg mai dyna liw wyneb fy nhad pan wedodd Mam wrtho ei bod hi'n disgwyl eto. O'n, o'n i'n dipyn o sioc, ac roedd hynny cyn i mi gael fy ngeni.

Pan gyrhaeddais i ar y 12fed o Fawrth, 1954, a hynny lan lofft yn Pembroke Street, roedd yna broblem. Mi gefais i fy ngeni gyda *cleft palate*, hynny yw, doedd fy ngwefusau i ddim wedi'u ffurfio'n iawn, gan adael bwlch rhwng un ochr o 'ngheg a'r llall. Y term oedd yn cael ei ddefnyddio 'nôl yn y 50au oedd *hare lip* ac roedd yr *hare lip* yn draddodiadol yn cael ei ystyried fel arwydd y diafol – ie, rown i'n perthyn i'r gwrachod a'r tylwyth teg. Pe bawn i wedi cael fy ngeni ganrifoedd yn ôl, a bod yna ryw drafferth neu bla neu ddigwyddiad anarferol yn y plwyf, wel ata i y byddai'r bysedd cyhuddgar wedi pwyntio yn gyntaf, ac mi fyddai 'na ganlyniadau i hynny! Erledigaeth neu drochfa'n yr afon yn y gadair goch! Ond, yn ffodus i mi, fe gefais fy ngeni mewn cyfnod mwy goleuedig, a chyfnod pan oedd modd cywiro'r nam ar fy ngwefus. Fe gefais i fynd at arbenigwr o'r enw Mr Tempest yn Ysbyty Cas-gwent, a wir, fe lwyddodd Mr Tempest i drwsio'r bwlch yn fy ngwefus, ac wrth wneud hynny i 'gau fy ngheg'. Yn ôl Mam, fe oedd yr unig berson erioed wnaeth lwyddo i wneud hynny! Diolch, Mam!! Ond o ddifri, roedd Mr Tempest yn arloeswr yn ei faes, ac er nad yw'r uned arbenigol lle'r oedd e'n gweithio yng Nghas-gwent yno bellach, mae yna heol wedi'i henwi ar ei ôl, a hynny yn gwbl haeddiannol. Mae'n debyg bod yna lun ohona i yn un o bapurau'r ardal, yn bum mlwydd oed yn sefyll o'i flaen yn canu 'Rwy'n canu fel cana'r aderyn'. Hebddo, fydden i ddim yn gallu siarad heb sôn am ganu, felly mawr yw fy niolch iddo, achos mae canu wedi bod yn rhan eithriadol o bwysig o fy mywyd erioed. Canu yng nghapel Siloa bob dydd Sul, canu yn Ysgol Gynradd Gymraeg Cwmdâr ac Ynyslwyd dan arweiniad yr arloeswr o brifathro Idwal Rees, ac yna ymlaen i ganu yn Ysgol Gyfun Rhydfelen a Choleg Aberystwyth. Llwybr traddodiadol, ond llwybr allai fod wedi bod yn wahanol iawn oni bai am ddawn Mr Tempest.

Er bod teulu 'Nhad yn dod o berfeddion cefn gwlad – ac roedd ganddo hanes y byddai'n ei adrodd yn aml, sef bod Cymraeg ei deulu'n wahanol iawn i Gymraeg sir Forgannwg – roedd fy nhad yn ddi-Gymraeg. Roedd ei rieni wedi siarad Saesneg gyda'u bechgyn er mwyn iddyn nhw 'ddod 'mlaen yn y byd', a Chymraeg gyda'u merched rhag ofn bod eu darpar wŷr ddim yn siarad yr iaith. Rhyfedd o fyd! Am fod fy nhad yn ddi-

Gymraeg byddai'r sgyrsiau'n tŷ ni yn newid o un iaith i'r llall, gan ddibynnu pwy oedd yn siarad â phwy. Mam â fy nhad – Saesneg. Mam â fi a 'mrawd – Cymraeg. Fy mrawd â fy nhad – Saesneg. Fy mam â mi – Cymraeg. Fi â fy nhad – Saesneg ... mae'n swno'n gymhleth, on'd yw e, ond doedd e ddim, roedd e'n gwbwl naturiol i ni, ac o'n i ddim yn meddwl ddwywaith wrth wneud. Ond dyma sy'n rhyfedd – fy nhad oedd yr un oedd yn frwd dros addysg Gymraeg. Roedd yn frwd dros 'addysg', am mai 'addysg' oedd yn mynd i sicrhau fod fy mrawd Gwynfor a mi ddim yn mynd lawr y pwll, ond roedd e'n frwd dros y Gymraeg hefyd, am ei fod e wedi'i cholli, ac roedd e'n teimlo'r golled. Roedd Mam, ar y llaw arall, o deulu Cymraeg, ac roedd Glyn-nedd yn bentref Cymreig, ac felly doedd hi a'i thylwyth heb golli'r Gymraeg a doedden nhw ddim yn gweld y sefyllfa yn yr un ffordd â fy nhad. Wedi dweud hynny, fe roddodd Mam enwau Cymraeg i'w phlant mewn cyfnod pan oedd hynny ddim yn ffasiynol. Felly, addysg Gymraeg gefais i, diolch i arloeswyr y cyfnod yn y cwm a welodd yr angen a gwerth y fath addysg, a dwi'n ddiolchgar hyd heddiw amdani. Ac os ydw i'n ddiolchgar am yr addysg gefais i, dwi hyd yn oed yn fwy diolchgar am y fagwraeth gefais i.

Roedd ein tŷ ni yn dŷ hapus ac yn dŷ llawen. Tŷ teras 'two-up two-down', gan ychwanegu tŷ bach a chegin pan oeddwn i tua 7 oed. Ydw, dwi'n ddigon hen i gofio cael bath yn y bath tin o flaen y tân, a gorfod mynd lawr i waelod yr ardd i fynd i'r tŷ bach – deg llath yn rhy bell yn y gaeaf, deg llath yn rhy agos yn yr haf! Darnau o'r *Western Mail* a'r *Radio Times* oedd ein papur tŷ bach, ac os oeddech chi'n eistedd ar yr orsedd a bod rhywun arall yn dod lawr y llwybr gyda'r bwriad o ddefnyddio'r tŷ bach yna byddai'n rhaid chwibanu'n uchel i'w rhybuddio bod rhywun tu fewn, achos doedd dim clo ar y drws! Oes yr arth a'r blaidd, bois bach!

Gardd fach iawn oedd gyda ni, ond rywsut byddai fy nhad yn llwyddo i dyfu llwyth o rosod yn y sgwaryn deg troedfedd o bridd oedd ma's y bac; wel, dwi'n dweud pridd, cymysgedd o lo mân a phridd a ... dom ceffylau oedd yno. Yn y dyddiau hynny mi fyddai'r siop ffrwythau a llysiau leol, a'r bois 'rag and bone', neu 'fois y lliti' (lludw yw 'lliti', gyda llaw), yn dod rownd i werthu a chasglu gyda cheffyl a chart, ac os byddai fy nhad yn gweld unrhyw ddom ceffyl ar yr heol mi fydde fe ma's o'r tŷ fel siot gyda'i sgleish (rhaw dân) yn ei law i gasglu'r carthion gwerthfawr, gan gario'r rhodd drewllyd drwy'r tŷ. A chyn bo' Mam yn gallu cwpla'i brawddeg, 'Jenkin, 'ow many times 'ave I told you not to bring that stuff through the 'ouse!!', roedd fy nhad wedi diflannu trwy ddrws y gegin, ac roedd y rhosod diolchgar â'u traed mewn gwrtaith gwych unwaith eto. Erbyn hyn dwi wrth fy modd yn mynd i'r ardd, ond yn y cyfnod hwnnw, doedd dim iot o ddiddordeb gyda fi mewn garddio – y cyfan rown i am ei wneud oedd mynd ma's i chwarae gyda'r 'gang'.

Roedd rhyw hanner dwsin ohonon ni yn 'gang' stryd ni, ac roedd yr ardal yn cynnig cyfleoedd di-ri i ni gryts i redeg yn rhydd. Roedd y dre mewn cwm, felly roedd Mynydd y Graig yn cynnig antur, llwybrau cerdded, cylchoedd tylwyth teg, a choed praff i ddringo ac adeiladu swing. Yna, lan y cwm ar ein beiciau, heibio Pwll y Gadlys, at beth o'n i'n ei alw 'Den 1' a 'Den 2', sef dau fan cyfarfod oedd yn troi yn Fort Apache os oedden ni'n chwarae cowbois, neu draethau Normandi os oedden ni'n chwarae rhyfel. Roedd yr Ynys ar gael, cae a gafodd yr enw hwnnw am ei fod yn cael ei amgylchynu yn aml gan ddŵr afon Dâr, a chae lle cynhaliwyd gemau pêl-droed rhyngwladol ar droad yr ugeinfed ganrif, ac yno rown i'n cael chwarae pêl-droed neu griced, neu fynd ar y siglenni. Roedd rhyw ddwsin o draciau rheilffordd yn ymestyn ar draws y cwm, ac ar y traciau roedd wageni a *guard's vans*. Roedd y *guard's van* ar agor fel arfer, ac os oedd unrhyw beth ar agor, wel, mewn â ni oedd hi, ac fe dreulion ni sawl pnawn difyr yn chwarae, neu'n cael ambell i bicnic yn y faniau yna. Uchafbwynt y chwarae ynddyn nhw oedd llwyddo i droi'r olwyn oedd ar gefn y fan nes bod y fan yn dechrau symud lawr y trac! Peryglus? O oedd! Ond sbort! Ym mhen draw y traciau roedd hen warws lle ddaethon ni ar draws hen ddryll a *gas mask* o gyfnod y rhyfel, a depo bysiau lle bydden ni'n chwarae cuddio yn y bysiau.

Os oedd hi'n bwrw glaw, wel dod o hyd i gysgod oedd y gamp. Doedd hi'n fawr o gamp a dweud y gwir, achos roedd 'na hen dafarn ar ben y stryd ac roedd dod o hyd i hen ddrws neu ffenest oedd ddim yn cau yn weddol o rwydd, ac fe dreulion ni sawl cyfnod gwyliau yn chwarae tu fewn, nes bo' cwpwl o 'dramps' yn dod o hyd i'r lle, a bu raid i ni sgythru oddi yno am ein bywydau! Ond os oedd y dafarn yn lle da, wel roedd yr eglwys yn lle gwell! Ie, o fewn tafliad carreg i'n tŷ ni roedd Eglwys y Santes Fair, clamp o adeilad sydd bellach yn ganolfan gymdeithasol, ond pan o'n i'n grwt roedd hi newydd gau ei drysau ... ond heb eu cau nhw cweit digon tyn i gadw'r gang ma's, a do, fe ddaethon ni o hyd i ryw wendid mewn drws ochr a ... mewn â ni. Wel, perffeithrwydd – gofod anferth a chysgod rhag y glaw. Nefoedd! Buon ni'n chwarae pêl-droed a chriced yno, a jest gwastraffu amser wrth gymdeithasu yng nghysgod yr allor. Yn anffodus i ni, barodd e ddim yn hir, a chwalwyd yr hen eglwys.

Lle elen ni nesaf? Wel, doedd dim angen llawer o feddwl – lan y rhiw a heibio i gaffi teulu'r Bracchi roedd yna barc. Parc Aberdâr, gyda'i diroedd gwyrdd a'i gyrtiau tenis, lawnt bowls, bandstand, pwll nofio a llyn rhwyfo wedi'u gwasgu o fewn ei waliau, popeth oedd ei angen arnon ni'r bois wrth i ni grwydro o un gwyliau haf hirfelyn tesog i'r nesaf.

Nawr, mae'n bosib fy mod i'n euog o edrych 'nôl ar fy ngorffennol trwy ryw sbectol ffafriol, ond dyna sut dwi'n cofio fy mhlentyndod, ac er ein bod ni fel pob teulu wedi wynebu caledi a thristwch, llawenydd yw'r hyn sy'n dod yn gyntaf i'r cof, a dyna sy'n nodweddu'r gân 'Cwm Cynon'. Cyfres o ddelweddau sydd yma, fel sydd mewn llawer iawn o 'nghaneuon; dwi'n tueddu i 'weld' y geiriau llawn cymaint â'u teimlo nhw, a falle bod hynny'n esbonio pam es i'n gyfarwyddwr teledu yn y pen draw, pwy a ŵyr? Mae'n rhaid i mi gyfaddef, mi fydden i wedi bod wrth fy modd pe bai rhywun wedi animeiddio'r gân yma.

Mae'n ddiwetydd, mae'r awyr yn las, ac mae 'na blentyn bach cyffredin, dosbarth gweithiol yn dychwelyd yn droednoeth o fod yn chwarae gyda'i fytis yn yr afon yn y cwm. Mae'n gweld y glowyr yn eu cwrcwd ger eu haelwydydd wrth iddo gerdded sha thre trwy strydoedd Maes-y-dre. Mae'n nabod pob un ohonyn nhw, ac maen nhw'n ei nabod e. Yna, yn y gytgan mae'n dechrau nosi, a'r syniad yw bod y tir a'r nos yn dod yn un fel cariadon, gan achosi i'r haul wrido wrth fachlud, ac wrth i'r tir a'r nos gofleidio mae goleuadau'r cwm yn chwyrlïo i'r awyr i amgylchynu'r lloer a chreu cylchoedd o'i chwmpas. Darlun cwbwl ramantaidd sydd yn y cytganau – brenhines y Cymoedd mewn harddwch ar derfyn dydd.

Mae'r penillion, ar y llaw arall, er mor ysgafn ydyn nhw, yn awgrymu bod pethau'n newid, bod pethau ddim yn gwbwl berffaith. Mae'r glowyr yn sôn am 'ddyddiau gwael a'r gwaith/gwaeth a fu', mae'r 'cylchoedd dur yn fud', mae'r 'cwm ei hunan wedi newid', ac yn y 70au mi roedd y cwm ar i lawr wedi colli'r diwydiant cynhenid. Ond person cwpan hanner llawn sy'n y gân hon, felly yr hyn sy'n aros yw atgof o gwm diwydiannol hagr o hardd ar ddiwrnod perffaith o haf ym mywyd crwt bach o Gwm Cynon.

2.

Aberfan (1)

Pnawn dydd Gwener,
Dydd Gwener arbennig i sêr yr academi gain,
Arlwywyd y byrddau, gwobrwywyd y gorau,
Arglwyddi Rhydfelen oedd y rhain.
Doedd neb yn meddwl am y byd tu fa's
Pan ruthrodd y byd hwnnw i'r bla'n,
A'r cynghorydd cyfarwydd lefarodd y geiriau
'Rhown glod i gyd ar gân'.

'Rhagluniaeth Fawr y Nef,' medd ef,
'Rhagluniaeth Fawr y Nef',
A ninnau heb wybod, heb feddwl, heb ddeall,
Canasom anthem gref.
Ond o, y cywilydd, y dirfawr gywilydd
Pan welsom y lluniau o'r llaid.
A dwi'n dal i gofio heno,
Am mai cofio sydd raid.

Eisteddfod y Glowyr yn Neuadd y Gadlys,
Roedd 'na ddathlu rhwng y waliau llwm
Pan ddaeth cri o gefn y dyrfa,
Roedd angen dynion yng ngwaelod y cwm.
Mi glywais y geiriau,
Mi welais wynebau y mamau a aeth ar eu llw,
Yn diolch â chywilydd iddo ddigwydd i eraill
Ac nid i'w plant nhw.

'Rhagluniaeth Fawr y Nef,' medd ef ...

Aberfan (2)

Ma' nhw'n sefyll mewn rhes, ma' nhw'n aros,
Ma' nhw'n gweld y byd trwy lygaid un dydd,
Y diniwed a'r doeth, y tlawd a'r balch,
Yn wyn eu byd ar y llethrau noeth.

Yn ôl, mi ddes yn ôl,
A dwi dal ddim yn gwybod pam,
Yn ôl, mi ddes yn ôl,
Ac roedd hi'n dal i lawio yn Aberfan.

Roedd dagrau'r dydd yn diferu'r dy groes,
Gan olchi'r pridd o'r geiriau prin,
Ond prin all y dagrau olchi'r poen o'r cof
Am un a garai ryddid a golau.

Yn ôl ...

Ond dwi'n clywed lleisiau yng ngwaclod y cwm,
Lleisiau o lawenydd ar y llethrau llwm,
Lleisiau plant yn galw pawb ynghyd,
Lleisiau plant, holl blant y byd.
A chlywaf o bell sŵn sgidiau gwaith y gwŷr,
Y rhai a rannodd y creithiau yn y glo a'r dur,
O Senghenydd a Phergwm a Pharlwr Du,
Yn gweiddi 'Yfory! I'r plant a ni!'
A gwelaf eu llygaid a chlywaf eu cri,
Plant y cymoedd, fy nghymoedd i,
Yn dathlu heddiw wrth fyw bob awr,
Yn mynnu yfory am mai fory ddaw.

Yn ôl, mi ddes yn ôl,
A nawr dwi'n gwybod pam.
Yn ôl, a dof eto yn ôl,
Pan fydd yr haul yn gwenu ar Aberfan.

Maes-y-dre, Blaen-gwawr, Aberaman, Godreaman, Cap Coch, Abercwmboi, Aberpennar, Cilfynydd, Pont Siôn Norton, dyna enwau rhai o'r pentrefi roeddwn i'n mynd trwyddyn nhw ar y daith fws foreol dair milltir ar ddeg i Ysgol Gyfun Rhydfelen. Dyw'r ysgol ddim yn bod bellach, stad o dai sydd yno, ond mae ei dylanwad wedi treiddio i bob cwr o Gymru ers ei sefydlu 'nôl ym 1962. Hi oedd yr unig ysgol uwchradd Gymraeg yn y de ar y pryd, felly roedd yna blant o gymoedd Llynfi, Taf, Rhondda, Rhymni, Nedd a Chynon yno, yn ogystal â phlant o'r ddinas fawr ddrwg, Caerdydd, heb anghofio criw Barri-bados! Fe wnes i ffrindiau newydd; Huw ac Eifion o Flaendulais oedd y 'bytis' agos yn ystod y blynyddoedd cyntaf, ac yna daeth Steff Jenkins (pennaeth Gwersyll yr Urdd yn Llangrannog ymhen amser) aton ni yn y chweched dosbarth – cyfeillgarwch a barhaodd ymlaen i fy nyddiau gyda'r Urdd ac ymhellach. Nhw oedd fy nghyfeillion, ond roedd gen i arwyr yno hefyd – Wyn Lewis a Barry Michael Jones, Malcolm 'Slim' Williams, Gerwyn Caffrey ac eraill. Ond roedd un arwr arbennig, ac fe gafodd ddylanwad aruthrol arna i heb iddo sylweddoli, fe a'i ddrwm.

Enw'r arwr arbennig yma oedd Charles, Charles Jones Britton, neu Charlie fel roedd pawb yn ei adnabod, ac roedd gan Charlie *snare drum*. Nawr, dwi'n cofio'n union pryd glywais i sain ei ddrwm gyntaf. Roedd hi'n amser egwyl, un ar ddeg y bore, ac roeddwn i'n camu ma's o'n stafell ddosbarth pan glywais i fe … sŵn drwmo o'r ystafell drws nesaf. Erbyn hyn, yn y flwyddyn 2024, mae clywed drymiau'n yr ysgol yn beth cyffredin. Ond 'nôl ym 1965 roedd e'n beth dieithr iawn. Wedi clywed y sŵn roedd rhaid ei ddilyn, a mewn â fi i'r ystafell, ac yno yng nghanol rhyw hanner dwsin o ferched roedd yna fachgen cringoch swil yn taro'r drwm gyda rhyw frwshys rhyfedd. Nawr, rown i wedi gweld *snare drum* o'r blaen, bob nos Iau ar y teledu ar *Top of the Pops*, ond doeddwn i erioed wedi gweld un yn y cnawd, fel petai. Felly, roedd rhaid cael gwybod mwy.

'Hia,' medde fi.

'Hia,' medde fe 'nôl.

'Ti biau hwnna?' (cwestiwn dwl!)

'Wel, ai myn,' medde fe.

'Ti'n gallu whare fe?' (cwestiwn dwl arall)

A'i ateb gan chwerthin oedd,

'Wel ai. Sort of like.'

A gyda'r ddwy frawddeg Gaerdiffaidd gynganeddol, ryfeddol hynny fe gychwynnodd cyfeillgarwch a pherthynas gerddorol hir a gwerthfawr. Ymhen rhyw flwyddyn neu ddwy roedd llun Charlie ar glawr record *girl band* cynta Rhydfelen, sef Y Cyffro (enw oedd ddim yn plesio'r drymiwr oedd eisiau galw'r band yn 'Charlie and the Chicks'!!). Ymhen rhyw flwyddyn neu ddwy eto yn Eisteddfod Gŵyl Dewi'r ysgol roedd Charlie'n drymio i grŵp arall o ferched o'r enw 'Tu Hwnt' (grŵp oedd yn cynnwys Helen Bennett a Catrin Edwards, dwy a gyfrannodd yn helaeth i ddiwylliant cerddorol Cymru). 'Rwy'n mynd i weld y defaid ar y Mynydd Du' oedd enw'r gân, ac fe gododd y gynulleidfa, gan gynnwys y crwt bach o Faes-y-dre, i floeddio a chymeradwyo ar ddiwedd eu perfformiad. Band roc a rôl cyntaf Rhydfelen! A dyna oedd y sgwrs yr holl ffordd 'nôl ar y bws i Aberdâr, pa mor wych oedd y band, a rhywle rhwng Pontypridd a Phont Siôn Norton, fe benderfynais i 'mod i moyn bod mewn band. Charlie ar y drymiau, a fi ... ar y piano.

W. J. Davies oedd enw organydd capel Siloa, Aberdâr. Fe ddilynodd W. J. Evans (oedd, roedd rhaid i chi fod yn W.J. i fod yn organydd yn Siloa!) ac mi fydd y rhan fwyaf o bobol Cymru wedi canu un o alawon W. J. Evans, sef 'Rhys', yr emyn-dôn sy'n cydweddu'n berffaith â'r geiriau 'Rho im yr hedd na ŵyr y byd amdano'. Wel, roedd 'hedd' fy mam a 'nhad ar fin diflannu am sbel wrth i'w mab deng mlwydd oed, heb yn wybod iddyn nhw, ofyn i W. J. Davies am wersi piano. A dyna fu. Gwers hanner awr bob amser te ddydd Gwener. *Scales*, *arpeggios*, Gradd 1, Gradd 2,

Gradd 3, ac ymlaen i Radd 6, ond, rhywle rhwng Gradd 3 a Gradd 4, fe bylodd yr hen Beethoven yng nghysgod y Beatles.

Ie, y Beatles oedd popeth ar un adeg. Bydden ni, gang Pembroke Street, yn mynd i'r Palladium neu'r Rex i weld eu ffilmiau nhw, yn gwisgo eu bathodynnau nhw, ac yn canu eu caneuon nhw yng nghysgod gatiau'r Ffatri Bop! (Ffatri diodydd pop Corona oedd y ffatri, ffatri â gatiau deunaw troedfedd o uchder oedd rownd y gornel o'n tŷ ni a hanner canllath o'r tŷ lle gafodd fy nhad ei eni.) Fe ganais i 'She loves you' a 'Help!' ac 'Eleanor Rigby' gyda gweddill y wlad, yn un o lawer, ond pan glywais i 'Penny Lane' rown i'n methu credu 'nghlustiau. 'In Penny Lane there is a barber ...' – roedd Paul McCartney a'r Beatles yn canu am farbwr, barbwr! Dros nos, diolch i grŵp mwyaf poblogaidd y byd, roedd hi'n 'cŵl' i fod yn fab i farbwr.

Roedd siop fy nhad jest off y stryd fawr yng nghanol Aberdâr, rhyw ddau gan llath o'n cartref ni. Wrth gerdded yno mi fyddech chi'n pasio tafarn y Whitcombe, tair siop gornel, y Memorial Hall (y 'Mem') lle welais i'r Swinging Blue Jeans rhyw fore Sadwrn, lle Dafydd Roberts y deintydd, siop trin gwallt merched, hen gartref Ap Hefin yr emynydd, cwpwl o swyddfeydd, syrjeri doctor a *bus stop*! A'r cyfan yng nghysgod Eglwys Sant Elfan oedd yn teyrnasu ar y bryn uwchben y dref. Roedd y siop ei hun wedi'i gwasgu rhwng y swyddfa nwy a Burton's ar y gornel, ac roedd yn siop gwbwl draddodiadol. Y sedd fawr hir *leatherette*, yn wag y rhan fwyaf o'r wythnos yn ystod cyfnod Messrs Lennon and McCartney, ond yn llawn o lowyr neu gyn-lowyr ar y penwythnos, a bydde 'na sgwrsio a rhannu straeon a chwerthin, a'r torri gwallt yn cymryd llawer iawn gormod o amser achos roedd fy nhad yn rhan annatod o'r siarad a'r chwerthin. Byddai'r cwsmeriaid yn symud lan y sêt fawr un ar y tro nes ei bod hi'n amser iddyn nhw fynd i sedd y torri, ac o'u blaen mi fyddai yna ddrych anferth, set o raselau, cribau, peiriannau 'trimo', darn o ledr yn hongian i roi min ar y 'cut-throat razor', ac wrth gwrs, ar y wal lluniau o bennau dynion, yn gwmws fel y rhai oedd yn siop barbwr Paul McCartney ar Penny Lane, 'photographs of every head he's had the pleasure to have known'.

Nawr, falle bod 'na ddwsin neu fwy o lunie a 'styles' ar y wal, ond dim ond un 'style' oedd yn mynd ma's trwy ddrws siop fy nhad, a'r 'short back and sides' oedd hwnna! A 'very short back and sides' oedd hi yn fy hanes i nes imi adael y cwm am y coleg. Beth bynnag, yn yr un cyfnod rown i a fy 'short back and sides' mewn eisteddfod sir yn y Ddraenen Wen, pan glywais i sain gitâr yn dod o rywle. O fynd i chwilio fe ddes i ar draws Telor James a Dudley Newbury (ie! Y Dudley Newbury, y cogydd) yn eistedd ar y stâr yn canu gitâr. Dwi'n gobeithio bydd dim ots gyda'r bois 'mod i'n dweud, ond doedd dim lot o siâp arnyn nhw, ond wrth gwrs, roedd tipyn gwell siâp arnyn nhw nag arna i gan 'mod i'n ffaelu canu'r gitâr o gwbwl. Felly dyma dderbyn fy ngwers gyntaf ar y gitâr gan y darpar gogydd! Do'n i ddim ar y stâr yn hir. Daeth galwad oddi wrth ein hathrawes gerdd, yr anhygoel, ysbrydoledig Mrs Lily Richards; roedd yna gystadlu ar droed – deuawd, parti cerdd dant, parti bechgyn, a chôr! Wrth fynd sha thre y noson honno gyda llwyddiannau Rhydfelen a'r wers gitâr yn chwyrlïo yn fy mhen, fe gofiais fod gitâr wedi bod gyda fy mrawd ar un adeg, ac rown i bron yn siŵr 'mod i'n gwybod ble'r oedd hi; ac rown i'n iawn, roedd y gitâr yn y cwtsh dan stâr. Wel, dwi'n dweud gitâr; darn o bren a thannau fel weiren bigog fyddai'r disgrifiad cywir, ond roedd hi yno, ac roedd hi'n dal mewn un pishyn.

Iawn, roedd y gitâr gyda fi. Be nesa? Amlwg! Gwneud yr hyn roedd pob gitarydd arall wedi ei wneud – prynu llyfr o'r enw *Bert Weedon's Play in a Day*. Nawr, alla i jest ddweud fan hyn, fuodd yna erioed deitl mwy camarweiniol na chelwyddog ar lyfr erioed!! 'Play in a day', myn yffach i! Dyddiau? Na. Wythnosau? Na. Misoedd gymerodd e, misoedd o fysedd poenus a seiniau aflafar, ond ... ond ... ar ôl rhyw dri mis o ddioddef rown i'n gallu canu'r gân gyntaf yn y llyfr *The Ballad of Jesse James*. Dim ond tri chord, ond roedd e'n ddigon, ac roedd Jesse a fi ar ein ffordd.

Roedd fy 'World Tour' cynta gyda fy ngitâr yn cynnwys ... cartrefi hen bobol, capeli, ambell i dafarn amheus a syrjeri deintydd. Ie, syrjeri deintydd! Rown i i fod i ganu cwpwl o ganeuon mewn cyfarfod Plaid Cymru oedd yn cael ei gynnal mewn ystafell yn syrjeri'r deintydd lleol, Dafydd Roberts, ond fe ohiriwyd y cyfarfod. Yn anffodus, doedd neb wedi dweud wrtho i, a dyna lle'r own i ar fy mhen fy hun yn ystafell ddisgwyl y syrjeri yn disgwyl, wel ... cynulleidfa. Pan sylweddolodd Dafydd y deintydd, oedd yn dal wrth ei waith, fe aeth ma's i'r stryd a chael gafael ar Barri y postman lleol oedd yn digwydd bod yn pasio ar y pryd, ac felly mi ganais i'r tair cân oedd gen i i gynulleidfa o un. Roedd Dafydd y deintydd wedi gorfod mynd 'nôl i'r stafell driniaeth i barhau i weithio ar ryw druan, felly nid yn unig bues i'n canu i gynulleidfa o un, ond yn y cefndir roedd sŵn dril y deintydd yn gyfeiliant ychwanegol. Mmmm – cerdd dant falle? Ond dyna fe, alla i ddweud â'm llaw ar fy nghalon, fe wnaeth pethau wella ar ôl hynny.

Yn ystod y cyfnod cynnar yma fe ffurfiais i driawd gyda dwy o ferched yr ysgol, Linda Griffiths a Rhian Jones (Ahhhh ... Rhian Jones!) i ganu mewn ... ie, cartrefi hen bobol, capeli ... Ond yna fe ddaeth criw ohonon ni at ein gilydd yn yr ysgol i ffurfio band go iawn. Ar y drymiau, neb arall ond Charlie Britton, ar y ffidil, Iolo Jones, aeth ymlaen i fod yn aelod o Ar Log a'r Hennessys, ac ar gitarau a lleisiau, Eryl Wyn a Mair Lloyd. Madog oedd enw'r band, er inni gael ein cyflwyno fel 'Mad Dog' sawl gwaith, ond dyna fe. Gawson ni glyweliad gan Ruth Price i fynd ar *Disg a Dawn* ond heb lwyddiant – mae'n debyg bod ein caneuon ni'n rhy hir! (Mmm ... dyw rhai pethau byth yn newid.) Fe barhaodd y band am ryw chwe mis cyn chwalu'n dawel, ond rown i'n dal yn awyddus i barhau i ganu, ac yn eisteddfod yr ysgol ym 1971, mi fentrais i ganu'r gân wreiddiol gynta i mi ei chyfansoddi. Nawr, doedd dim bwriad yn y byd gen i i gyfansoddi cân wreiddiol. Rown i wedi cyfieithu cân Dave Edmunds 'I hear you knocking' er mwyn cystadlu, ond yn ôl y rheolau doedd cyfieithiadau ddim yn cael eu caniatáu, felly, roedd rhaid mynd ati i gyfansoddi cân wreiddiol. Y canlyniad oedd 'O'n Hamgylch' (cân a recordiwyd yn ddiweddarach ar record gyntaf Hergest). Roedd dau yn cystadlu ar y diwrnod, ac roedd y buddugol yn cael mynd ymlaen i gystadlu yn Eisteddfod Genedlaethol yr Urdd yn Abertawe, ac mae'n dda 'da fi ddweud wrthoch chi, ddarllenwyr hoff, mai fi ddaeth yn ... ail! OND ... ie, mae yna ond, am ryw reswm doedd y buddugol, sef yr hyfryd Rhiannon Rees gyda'i chân 'Ma' Mam 'di twlu'r gath ma's y bac', ddim moyn mynd ymlaen i gystadlu (llythyron bygythiol oddi wrth yr RSPCA falle??), felly fi gafodd fynd i Eisteddfod y Jacs.

Roedd hi'n wythnos arbennig, rhwng gweld y Tebot Piws a Dafydd Iwan yn perfformio ac ennill y wobr gyntaf gyda pharti noson lawen yr ysgol, diolch i Wyn a Slim a Charlie a Barri a'r bois yn bennaf, a'r gân ysbrydoledig:

> Splott, Splott, dof yn ôl, lle mae'r dynion i gyd ar y *dole*,
> Lle does dim i'w wneud,
> A does dim i'w ddweud,
> A nawr does dim geiriau ar ôl!!

Ie! ... Clasur!! Ac yna ar y dydd Gwener, cyrraedd y llwyfan ar y gân bop unigol gyda fy nghyfansoddiad cyntaf, a'r beirniad Huw Jones yn dyfarnu bod cân Delwyn Siôn Davies yn dod yn ... ail! Ie, Jini Owen a'i thriawd aeth â hi, ond doedd dim ots, roedd y daith wedi dechrau.

Yn rhyfedd iawn, er y diddordeb cynyddol yn y gitâr, ar y piano y bues i'n cyfansoddi fy nghaneuon cyntaf, ond roedd aelod arall o'r teulu yn cyfansoddi ar y gitâr. Fel teulu byddai un Sul o bob mis yn cael ei dreulio i lawr yng Nghwm Nedd, ac yno mi fydden ni'n ymweld â theulu Mam – Jonah a Hannah, Wil a Mêri, a Bopa Rene, ac yn ddieithriad yn cael te yng nghegin Bopa Bet. Brechdanau tenau, bara brith, teisen blât hyfryd a'r te cryfaf imi ei flasu erioed. Yna, ar ôl te, mi fyddai fy nghefnder Maxwell a mi yn diflannu i'r ystafell ganol i ganu caneuon poblogaidd y dydd, fi ar y piano a fe ar y gitâr. Mi fydden i hefyd yn cyfeilio i ambell i gân ddoniol roedd e wedi'i chyfansoddi, geiriau am ddigwyddiadau neu gymeriadau lleol ar alawon fel 'In an English country garden' neu 'Did you ever see such a funny thing before' – caneuon fyddai e'n eu canu yn y clwb rygbi neu'r clwb gwerin lleol. Ymhen rhai blynyddoedd fe brynodd gitâr newydd, ac mi roddodd ei hen gitâr i fi. Diolch yn fawr, Maxwell. Gyda'i gitâr newydd fe aeth i ddiddanu cynulleidfaoedd mewn clybiau gwerin ar draws y de, ac ambell waith mi fydde fe'n gofyn i fi beth o'n i'n feddwl o ryw gân roedd e newydd ei chwpla, cyn ei fod e'n ei chanu'n gyhoeddus. A dwi'n cofio un yn arbennig. 'Beth ti'n feddwl o hon, Del?' oedd y cwestiwn, ac yna fe ganodd y gytgan:

> And we were singing Hymns and Arias,
> Land of my Fathers,
> Ar Hyd y Nos.

Ar ôl cwpwl o eiliadau o dawelwch fe ofynnodd eto ... 'Wel? Any good?'

'Ai, oreit!' medde fi ... (wel, shwt o'n i fod i wybod?!!).

Wedi'i ysbrydoli gan f'ymateb, mae'n siŵr, fe aeth fy nghefnder Mr Max Boyce – gyda'i gitâr newydd – i ganu yn Nhreorci, ac mae'r gweddill, fel maen nhw'n ddweud, yn hanes. Mi es i a fy ngitâr a 'nghyfaill mynwesol Steff Jenkins i Wersyll yr Urdd, Glan-llyn. Ond nid fi oedd yr unig un oedd yn cyrraedd â'i gitâr yn ei law yr wythnos honno. Roedd yna dri arall, Derec Brown, Geraint Davies ac Elgan Ffylip, ac o fewn dim roedd y pedwar ohonom yn cydchwarae. Does dim byd yn tynnu pobol at ei gilydd fel cerddoriaeth, a phan sylweddolon ni ein bod ni i gyd yn caru cerddoriaeth acwstig a harmonïau, fe lynon ni at ein gilydd trwy gydol yr wythnos gan greu band o'r enw Byddin Iachawdwriaeth Bili Ifans. Dewison ni'r enw oherwydd fy nhebygrwydd i i Bili Ifans, ffidlwr y Dyniadon Ynfyd Hirfelyn

Tesog. Cyfnewidiwyd cyfeiriadau gyda'r bwriad o ganu gyda'n gilydd yn y dyfodol, a dyna ddigwyddodd yn ystod y flwyddyn ganlynol. Roedd Derec yn aelod o fand o'r enw Galwad y Mynydd ac fe ymunais â nhw ar lwyfan yng Nghwm Afan a chwarae'r drymiau, credwch neu beidio, a chanu'r piano iddyn nhw mewn sesiwn recordio yn Abertawe. Felly hefyd gyda Geraint oedd yn aelod o'r Gwenwyn. Pan o'n nhw'n recordio yn Stiwdio'r Dryw fe laniodd Derec i ganu'r organ geg a minnau i ganu'r piano a chanu. Y bwriad oedd ffurfio band gyda'n gilydd ymhen y flwyddyn pan fydden i, a derbyn y bydden i'n cael graddau Lefel A digon da, yn mynd i ymuno â'r bois yng Ngholeg Aberystwyth. Bu llythyru a chysylltu a chwysu dros bapurau arholiad, ac ymddangosiad unigol i mi ar *Disg a Dawn*, cyn bo'r newyddion syfrdanol yn cael ei rannu – a doedd neb yn fwy syfrdan na fi – fy mod i ar fy ffordd i'r Coleg ger y Lli. Aber! Aber! Aber! Aber! Aber!

Byddai gadael cartref i fynd i Aberystwyth yn anodd, a byddai gadael ffrindiau a chymdeithas a gweithgarwch Ysgol Rhydfelelen yr un mor anodd, achos dwi'n un o'r bobol yna sy'n gallu dweud i mi wir, wir fwynhau fy nyddiau ysgol. O'r daith fws i'r cyngherddau di-ri, y clwb ar nos Fawrth, y tripiau tramor, y cyfleoedd i berfformio, ond falle yn fwy na dim y gymdeithas arbennig o gyfeillion agos ac athrawon ymroddedig. Fentra i ddweud – o'n nhw'n ddyddie da. Ond yng nghanol y dyddie da, mae 'na un diwrnod ac un penwythnos tra gwahanol yn aros yn y cof.

Bore dydd Gwener, Hydref yr 21ain, 1966. Roedd yr ysgol i gyd wedi ymgynnull yn y neuadd ar gyfer gwasanaeth y diwrnod gwobrwyo. Roedd y gwasanaeth wedi dechrau pan ruthrodd un o'r athrawon o gefn y neuadd at y llwyfan ac at y prifathro, Gwilym Humphreys. Wedi rhai munudau fe gyhoeddodd fod plant Merthyr a Chwm Taf yn cael mynd adre'n syth, cyhoeddiad na fyddai ond yn digwydd os oedd eira mawr, ond doedd dim golwg bod eira wedi disgyn. Chawson ni ddim esboniad o'r llwyfan. Yn lle hynny fe ofynnodd y gŵr gwadd i ni ganu emyn, 'Rhagluniaeth fawr y nef', a dyna wnaethon ni. Dim ond ar ôl cyrraedd sha thre a gweld y newyddion o Aberfan ar y teledu y noson honno y sylweddolais i, a phawb arall, beth yn union oedd wedi digwydd, a theimlo cywilydd ein bod ni wedi canu emyn o'r fath y bore hwnnw.

Roedd hi'n digwydd bod yn Eisteddfod y Glowyr yn Neuadd y Gadlys y diwrnod canlynol, a'r hyn oedd ar wefusau pawb, wrth gwrs, oedd y sefyllfa yr ochr draw i'r mynydd yn Aberfan. Amharwyd ar y cystadlu pan ddaeth glöwr i mewn a gofyn i bob dyn oedd yn gallu gwneud hynny fynd draw i'r cwm nesa i gynorthwyo gyda'r gwaith cloddio. Wrth i rai o'r gwŷr adael, fe glywais i sawl mam yn diolch i'r drefn, ond gyda chywilydd mawr, taw nid eu plant nhw oedd o dan y glo yn Ysgol Pant Glas. Fe arhosodd y ddau ddiwrnod yna yn fyw yn fy nghof ac yn fy nghalon am ugain mlynedd. Roedd angen amser cyn i mi allu cyfansoddi cân am yr hyn ddigwyddodd.

Yna, am ryw reswm, rai blynyddoedd wedi recordio'r gân gyntaf, fe ddychwelais i Aberfan. Dwi ddim yn gwybod pam – ai'r ffaith fy mod i bellach yn dad wnaeth fy ngyrru, neu boeni 'mod i wedi anghofio am y lle ac wedi'i wthio i gefn fy meddwl? Dwi wir ddim yn gwybod, ond rown i jest moyn bod yno. Fe gerddais ar hyd y rhesi beddau mewn distawrwydd; roedd hi'n pigo glaw mân, a'r cymylau'n isel yn y cwm. Sylwais ar y geiriau ar y beddau, yn arbennig y rhai i gofio bachgen bach o'r enw Richard – 'he loved light, freedom ...' – alla i ddim disgrifio'r tristwch ddaeth drosta i. Eisteddais yn fud am yn hir, ond yna fe glywais leisiau plant yn y cwm islaw, lleisiau'r genhedlaeth nesaf, a dychmygais 'mod i'n clywed llais Richard a phlant Ysgol Pant Glas, a lleisiau'r glowyr a'r gweithwyr a gollodd eu bywydau ym mhob un o'r cymoedd, a'r rheiny'n gymysg i gyd yn gweiddi bod rhaid edrych at yfory, at y dyfodol. Cofio'r rhai a gollwyd, ie, heb os, ond hefyd mynnu byw a bwrw 'mlaen er gwaethaf popeth. Dyna roedd pobol Aberfan wedi'i wneud. Er y colledion dirdynnol roedd pobol y pentref wedi mynnu bod yfory i fod. Teyrnged i'r dewrder hwnnw, a dewrder trigolion y pentref, yw'r gân.

Flynyddoedd yn ddiweddarach fe glywais i un fam yn adrodd ei hanes ar y teledu. Doedd ei merch fach ddim yn teimlo'n hwylus y bore tyngedfennol hwnnw, a dim awydd mynd i'r ysgol, ond fe fynnodd y fam ei bod hi'n mynd. Dyna'r tro diwethaf iddi ei gweld yn fyw.

'Sut mae rhywun yn byw gyda hynny?' oedd cwestiwn y newyddiadurwr. Yr ateb? 'You carry on ... you've got to, haven't you ...?'

3.

Niwl ar Fryniau Dyfed

Byr oedd y dydd, ac anodd oedd gadael
Cwmni mor hyfryd yn yr hwyr.
Sibrydaist dy gân a chynheswyd fy nghalon,
Ond gwyddem ni nad oedd i fod ddim mwy.

Ac mae'r niwl ar fryniau Dyfed unwaith eto,
A chri yr eryr ar Eryri draw,
A phrofaf o'r llonyddwch yn fy nghalon
Er gweled Ffenics cariad yn y baw.

Ciliodd y glaw, a cherddaist ti o 'nghwmni,
Eisteddais yn fud gan godi'm llaw,
Dilynais dy droed ar hyd y llwybr cerrig
Cyn cychwyn yn ddall i wacter y ddinas draw.

Ac mae'r niwl ar fryniau Dyfed ...

Caeodd rhwyd fy mywyd am fy mreuddwyd,
Fe'm daliwyd heb ddyhead fynd yn rhydd,
Torrwyd aden gogoniant yr eryr ar ei draeth,
A syrthio wnaeth, ie, syrthio wnaeth.

Drannoeth y wawr a dorrodd heb i mi sylwi,
Llithrodd y cyfnos hyd y tir.
Fe syllais i ogof o ddyheadau 'nghalon,
Gorffwysais ennyd cyn troi ohonynt yn sur.

Ac mae'r niwl ar fryniau Dyfed ...

Owa Wil Harries aeth â fi i Aberystwyth ym mis Medi 1972, achos fe oedd yr unig un yn y teulu oedd yn berchen ar gar. Morris Oxford, neu falle Austin Cambridge, un o'r ddau, beth bynnag – car oedd yn gallu fy nghludo i antur bywyd coleg ymhell bell o adre. Rown i'n gadael cartref clyd a hapus, a gadael ffrindiau o bell ac agos am y tro cyntaf, ond rown i'n edrych ymlaen at bennod newydd yn fy mywyd. Cyrraedd Aber. 'Cinio yn gynta,' medde Wil, a hynny yn y National Milk Bar. *Plaice*, tships, pys, hufen iâ, a dishgled o de, dyna gawson ni'r diwrnod 'ny. A dyna gafodd Wil bob tro pan oedd e'n hebrwng neu ddychwelyd ei nai o'r coleg. Yna, fy ngollwng i a 'nghês bach brown, a'r chwaraewr recordiau rhad a phedair record hir yn Neuadd Ceredigion ar y prom yn Aber. Safle bendigedig i neuadd oedd ddim yn ffit i neb i fyw ynddi! Dwi'n cofio dwy frawddeg o enau Owa Wil ar y diwrnod – 'Ti'n siŵr taw fan hyn ti'n aros?' a 'Weta i ddim byd wrth dy fam!' Doedd dim lot o olwg ar y lle a bod yn deg, ond hon oedd y neuadd Gymraeg, ac rown i wrth fy modd fy mod i wedi cael lle yno. Nawr, fe ddylse hi 'di bod yn flwyddyn arbennig, ac ar un llaw mi roedd, ond ar y llaw arall roedd hi'n flwyddyn gythreulig.

'Nôl ym 1972 doedd dim stafelloedd unigol yn Neuadd Ceredigion. Roedd pawb mewn deuoedd. Doedd dim *en-suite*, dim ond bosh (sinc i bawb sy' ddim yn dod o'r Cymoedd, ac fel bo' chi'n gwybod, y bosh yw'r 'boch' sy'n Villeroy & Boch!). Roeddwn i fod i rannu gyda bachgen o Gaerfyrddin ond fe benderfynodd bachgen o Gwm Rhymni nad fel'na roedd hi am fod, ac mai fe oedd yn rhannu gyda fi, a rywsut neu'i gilydd dyna fu. Roedd popeth yn iawn am sbel, wel, sbel fyr iawn. Sylweddolais i'n gyflym iawn bod byw gyda fy nghyd-letywr yn mynd i fod yn anodd, os nad yn amhosib. Yn gymdeithasol roedd e'n yffach o gês, ond i fyw gydag e ... sai'n mynd i rannu'r cyfan, ond i roi syniad i chi – roedd ei ddillad ar y llawr a'i lyfrau ar ei wely, a'r bosh oedd ei dŷ bach yn aml, achos yn ei feddwdod roedd e'n meddwl bod hynny'n dderbyniol. Roedd e hefyd yn meddwl taw dau neu dri o'r gloch y bore oedd yr amser gorau iddo gychwyn dadl, a dadl ffyrnig yn amlach na pheidio. Erbyn hanner ffordd trwy'r tymor cyntaf roedd y glanhawyr yn gwrthod dod i lanhau'r ystafell. Erbyn yr ail dymor roedd yna botel fach o wisgi yn ei boced yn aml, os nad yn barhaus. A do, fe aeth y botel yn drech nag e yn y diwedd. Roedd ganddo'i resymau; fe ddwedodd e sawl gwaith ei fod e'n y coleg groes graen – yno i blesio ei rieni yr oedd e, ond doedd hynny ddim yn ei gwneud hi'n haws byw gydag e. Mi fydden i wedi dymuno gallu bod yn fwy o gymorth iddo, ond rown i'n rhy ifanc, anaeddfed a dibrofiad bryd hynny.

Fe gawson ni beth sbort, cofiwch. Roedd y ddau ohonom yn rhannu hoffter o gerddoriaeth 'Bluegrass' a chaneuon a sgetsys y Goons, a byddai cytgan 'I'm walking backwards for Christmas' neu'r 'Ying Tong Song' i'w chlywed yn aml. Fe ranson ni sawl pryd Tsieineaidd, fi'n talu wrth gwrs, gan ei fod e wedi dianc o'r bwyty a'm gadael yno cyn bod y bil yn cyrraedd. Fe 'nillodd e bysgodyn aur yn y ffair un penwythnos, ac fe gadwon ni fe yn y bosh yng nghornel y stafell am gyfnod, ond marw wnaeth e, sy'n ddim syndod a dweud y gwir, achos anghofiodd meinábs bod y pysgodyn druan gyda ni, a ganol nos wrth ddefnyddio'r bosh i bisho ... wel, hwyl fawr, pysgodyn!! Ond nid dyna ddiwedd y stori. Fe benderfynon ni roi claddedigaeth Viking iddo (y pysgodyn, hynny yw, nid ...!) ac wedi adeiladu cwch o bapur a charden, aeth criw o fois y neuadd lawr at lan y dŵr, gwlychu'r cwch a'i gynnwys euraid mewn *lighter fluid* a'i hebrwng ar ei daith ar hyd y palmant aur! Aeth 'draw dros y don' i 'fro dirion' fel Arthur i Afallon!

Oedd, mi roedd fy nghyd-letywr yn dipyn o gymeriad, ond ...

Rwy'n falch o ddweud, wedi iddo adael y coleg, iddo wneud cyfraniad mawr i'w ardal enedigol, a dwi ddim yn amau taw yn y fan honno roedd ei galon fawr sosialaidd yn perthyn o'r cychwyn.

Ar ben hynny i gyd roedd 'na fachgen hoyw yn y neuadd oedd ddim wedi 'dod ma's', ac roedd wedi cymryd ffansi ata i. Mwy o bwysau ar grwt diniwed! Ac rown i hefyd mewn brwydr barhaus gydag agwedd wrth-Gymreig pennaeth yr Adran Ddaearyddiaeth. 'There are some of you who think they can study geography through the medium of Welsh. Let me tell you – you cannot!' Wel, rown i newydd astudio daearyddiaeth trwy gyfrwng y Gymraeg am saith mlynedd yn Rhydfelen, felly 'twll dy din di Ffaro!' oedd hi. Bu sawl ymweliad â stafell y gwron trahaus hwnnw, ymweliadau wnaeth dim lles i fi ddiwedd y flwyddyn. Ond, diolch i'r drefn, roedd ochr arall i hanes fy mlwyddyn gynta, a chyfle i ddianc at fois y band, a cherddoriaeth.

Elgan gynigiodd yr enw Hergest. Roedd e'n gweithio yn llyfrgell y dref ar y pryd ac wedi dod ar draws yr enw yn ei waith, a gan fod gyda fi obsesiwn â'r Mabinogi, rown i wrth fy modd â'r enw. Rown i hefyd wrth fy modd yn dianc i Isfryn, Llanfarian, cartre Elgan, ar brynhawniau Sadwrn i fwynhau brechdanau cig eidion a chatwad Mrs Davies, mam Elgan, ac i ymarfer. Roedd gwell siâp ar y brechdanau na'r ymarfer yn aml, ond yn araf bach fe wellodd pethau, a chlywyd sain Hergest ar lwyfannau Cymru, a hynny am ffi o bedair punt. Pedair cân oedd gyda ni, felly, punt yr un, ond roedd hynny'n hen ddigon ar y pryd am fod o leiaf dwsin o artistiaid ymhob cyngerdd, o Ryan a Ronnie i Tony ac Aloma, Hogia'r Wyddfa, Hogia Llandegai, a Hogia Bobman Arall, Dafydd Iwan, Huw Jones, Heather Jones, Meic Stevens (weithiau!) a joch go dda o dalent lleol a chyn amled â pheidio, Ac Eraill, oedd yn cynnwys hen gyfaill i mi o ddyddiau Rhydfelen, sef Cleif Harpwood. Dau grŵp oedd yn debyg iawn ar un olwg, ond doedden nhw ddim. Yng ngorllewin Cymru roedd calon Ac Eraill; yng ngorllewin America roedd calon gerddorol Hergest. Naws gwerinol oedd i'r ddau ond roedd cerddoriaeth 'roc' yn cuddio o dan yr wyneb yn Hergest. Grŵp mudiad Adfer oedd Ac Eraill; nid felly Hergest, ac yn bendant nid myfi. Fe ranson ni lwyfannau lu ar hyd y blynyddoedd, ac yn groes i'r hyn a nodwyd yn y wasg bop Gymraeg ar y pryd, doedd dim drwgdeimlad rhwng y ddau fand ... doedd dim ... onest!

Rown i'n gwybod fy mod i'n mynd i gyfansoddi caneuon am y Cymoedd wrth adael Aberdâr, ac roedd rhyw egin syniad yn fy mhen am gân oedd ym ymwneud â'r Phurnacite ym mhen isa'r cwm yn Abercwmboi. Anghenfil o waith brwnt oedd y Phurnacite, yn perthyn i oes arall, a'i bwrpas oedd creu tanwydd di-fwg, *smokeless fuel*. Er mwyn creu *smokeless fuel* roedd rhaid tynnu'r mwg ma's o'r glo. I ble'r oedd y mwg yn mynd? Lan y cwm, gan orchuddio'r tai mewn melyndod a drewdod dychrynllyd. Mi fyddai golch Mam a gweddill gwragedd y cwm yn mynd ma's ar fore Llun, ond os byddai'r gwynt yn troi a mwg y Phurnacite yn dod lan y cwm, yna byddai rhaid golchi'r cyfan eto! Ond doedd hynny'n ddim i'w gymharu â'r ffaith bod *life expectancy* pobol Abercwmboi, y rheiny oedd yn byw gyferbyn â'r anghenfil, ddeng mlynedd yn llai na gweddill y cwm. Felly, roedd hanner cân yn fy mhen y noson es i i wrando ar Emyr Llywelyn yn siarad yn Aber am ei weledigaeth am fudiad Adfer, ac er bod yna lawer rown i'n gallu cydymdeimlo ag e, doedd y syniad o 'Fro Gymraeg' oedd yn dieithrio Cwm Cynon a'r cymoedd eraill ddim yn taro deuddeg o gwbwl. O'r cyfarfod yna y daeth y teitl i'r gân 'Adferwch y Cymoedd'. Os mai cân ramantaidd am ddiwrnod perffaith ar lawr y cwm oedd 'Cwm Cynon', nid felly 'Adferwch y Cymoedd':

> Paid disgwyl gweld y coed yn wyrdd a'r afon yn torri'i ffordd i lawr y bryn,
> Mae rhych diwydiant ar y tir, a'r baw yn casglu ar y mur fan draw.
> Does dim gwyrdd ar ôl i ni.

Uchafbwynt y flwyddyn oedd i gwmni Sain gynnig i ni wneud record, a hynny yn stiwdio enwog Rockfield. Roedd y caneuon gyda ni, nawr roedd angen offerynwyr ychwanegol. Cynigiodd Huw Jones ddrymiwr Dire Straits i ni, ond doedd dim gobaith gyda fe; dim ond un drymiwr oedd 'na i mi – fy hen gyfaill Charlie

Britton. Nawr, roedd gweddill y bois yn gwybod dim amdano, ond fe gymron nhw fi ar fy ngair ei fod e'n dda. Felly drymiau – *sorted*. Ond beth am y gitâr fas? Wel, medde fi ... brawd Nest! 'Pwy ddiawl yw brawd Nest?' oedd y cwestiwn digon call a ddaeth yn ôl i 'nghyfeiriad. A dyma esbonio. Ar ôl dychwelyd o Lan-llyn y flwyddyn cynt, mi fues i'n sôn yn yr ysgol am y band newydd rown i wedi'i ffurfio yno – Byddin Iachawdwriaeth Bili Ifans. Ac wrth gwrs, gyda'r hyder Rhydfelenaidd arferol dweud ein bod ni'n mynd i ddechrau perfformio rywbryd, a'n bod ni'n siŵr o recordio! Charlie fyddai'r drymiwr, ond oedd rhywun yn adnabod gitarydd bas?

'Ma' 'mrawd i'n canu'r gitâr fas,' medde Nest (roedd Nest Griffiths a Gwen Catrin Davies yn ddwy ffrind fynwesol trwy gydol fy mlynyddoedd yn Rhydfelen, a dwi'n falch o ddweud eu bod nhw'n dal felly).

'Ody fe'n dda?' gofynnais i.

'Briliant,' medde hi.

'Na fe, digon teg, os oedd Nest yn dweud ei fod e'n dda, roedd hwnna'n ddigon da i fi, er 'mod i erioed wedi cwrdd ag e, na'i glywed e'n chwarae! Syniad Geraint, a syniad digon call oedd e hefyd, oedd mynd draw i gwrdd â John, jest i wneud yn siŵr. Felly bant â ni i Bont-rhyd-y-fen a'n gitarau yn ein dwylo. Wrth i ni gerdded mewn i stafell ganol tŷ John a Nest, yno'n pwyso'n erbyn y gadair roedd recordiau Simon and Garfunkel, y Beatles a'r Byrds – roedd John yn aelod o'r band cyn iddo ganu nodyn, ond roedd e'n bendant yn aelod ar ôl iddo godi ei gitâr a phrofi cystal cerddor oedd e. Felly, roedd popeth yn ei le, a Rockfield yn galw.

Nawr, dwi am oedi fan hyn i esbonio rhywbeth i chi am ddrymwyr. Maen nhw'n wych am gadw curiad, ond yn anobeithiol am gadw amser!

Mae'n un ar ddeg y bore, ac Elgan, Derec, Geraint, John a minnau yn stiwdio ddrudfawr Rockfield. Mae Huw Jones yno hefyd, yn brasgamu lan a lawr ac yn holi lle'r oedd y drymiwr yma doedd e'n gwybod dim amdano. Roedd y cloc yn tician a ... 'time is money'! Yn ffodus, doedd dim angen drymiau ar y traciau i gyd, felly dyma ddechrau gyda 'Cân Elgan', cân a enwyd felly gan mai dyna roedd pawb yn ei galw, a doedd gan Elgan ddim teitl iddi hi, felly 'Cân Elgan' gafodd hi fod. *Simples*! Cwpla 'Cân Elgan', a thorri wedyn am ginio. Dal dim golwg o Charles, a phawb, yn arbennig Huw, yn rhyw edrych yn fygythiol iawn i 'nghyfeiriad i, yn meddwl fyddai drymiwr Dire Straits ddim wedi cyrraedd yn hwyr. Ond ... ond ... jest mewn pryd, pwy gerddodd mewn ond Charles Jones Britton, a'i eiriau cynta oedd, 'Hia Del, oes bwyd ar ôl, fi'n starfo!' Ooooo! Rown i wastod yn falch o'i weld ond byth yn fwy na'r eiliad honno. Wedi cwpla'n cinio, 'nôl â ni i'r stiwdio, a phawb yn cyd-dynnu, a phawb yn sylweddoli cystal drymiwr oedd fy 'byti' Charlie Britton. Fe gydchwaraeodd John a Charlie am y tro cynta, ac fe grëwyd partneriaeth gerddorol arbennig – partneriaeth oedd i newid cerddoriaeth gyfoes Cymru am byth. Oedd, roedd y duwiau'n gwenu arnon ni y diwrnod hwnnw.

Yn anffodus, doedd y duwiau ddim yn gwenu ar fy nghanlyniadau coleg ar ddiwedd y flwyddyn, ond (ac mi gefais wybod hyn ymhen rhai blynyddoedd) bu'r athro Roy Stevens, warden Neuadd Ceredigion, yn eiriol drosof gyda'r coleg, ac yn lle gorfod gadael mi gefais ail gyfle. Newidiais fy mhynciau, symud i fflat yn y Borth o'r enw Glanceri, ac edrychais i ddim yn ôl.

Mae'r Borth ryw bum milltir o Aberystwyth, ddim yn rhy bell os oedd gyda chi gar. Yn anffodus, doedd gen i ddim car, felly rown i'n dibynnu ar fawdheglu, ac yn wir, rown i'n cael llwyddiant anghyffredin wrth wneud. Fydden i byth yn gorfod aros yn fwy nag ychydig funudau cyn cael lifft, ac wrth fynd i mewn i'r car neu'r fan oedd wedi stopio mi fyddai 'na groeso a holi sut oeddwn i, a sut oedd y teulu ac ati. Nawr, i chi gael deall, doedd gen i ddim syniad pwy oedd y bobol yma, ond mae'n amlwg eu bod nhw'n teimlo eu bod nhw'n fy nabod i.

Enwogrwydd? O na! Fe ges i wybod ymhen dim bod Bili Ifans, ie, y Bili Ifans hwnnw o Fyddin Iachawdwriaeth Bili Ifans – fy *doppelganger* – wedi'i eni a'i fagu yn y Borth. Roedd gyrwyr yr holl geir oedd yn cynnig lifft i fi yn meddwl taw Bili oeddwn i! A Bili, os wyt ti'n darllen hyn o eiriau, diolch i ti, mi wnest ti arbed ffortiwn i fi!

Wedi blwyddyn yn y Borth fe es i 'nôl i ganol Aber, ac i Neuadd Pantycelyn – y neuadd Gymraeg newydd oedd yn 'nyth cacwn o weithgarwch' yn ôl y warden, y Dr John Davies, Bwlchllan, a gwir pob gair. Bues i'n ddigon ffodus i fod yn bennaeth ar y neuadd am flwyddyn, ond y swydd wnes i ei mwynhau fwyaf yn ystod fy nghyfnod yn y coleg oedd swydd llywydd y gymdeithas Gymraeg, sef Cymdeithas Taliesin. Roedd y gefnogaeth i'r cyfarfodydd wedi pylu rywfaint dros y blynyddoedd, felly dyma benderfynu mynd amdani a cheisio gwahodd y gynnau mawr llenyddol er mwyn adfywio'r gymdeithas. Ac fe gawson ni lwyddiant, ac enwau fel Merêd a John Gwilym Jones, ymhlith eraill, yn dod aton ni, ond y llwyddiant mwyaf oedd perswadio'r Dr Kate Roberts i ddod i Aber. Cafwyd addewid o lety iddi gyda'r hynaws Ddoctor R. Geraint Gruffydd, a chludiant drws-i-ddrws. Ac felly bant â fi a John Emyr yn 'fy nghar bach coch' i'w hebrwng o'i chartref yn Ninbych. Roedd John yn astudio'i gwaith ac wedi'i chyfarfod o'r blaen, ac felly'n gyfarwydd â hi, ond rown i fel crwtyn bach nerfus yn cwrdd ag un o'i arwyr. Fe gawson ni groeso cynnes wedi cyrraedd ei thŷ, a dishgled, sori, paned, ac yna sgwrs. Fe ddwedais i gymaint rown i wedi mwynhau astudio ei nofel *Traed mewn Cyffion* ar gyfer fy Lefel A (roedd hynny'n ei phlesio!) a fy mod i wedi darllen gweddill ei gwaith o'r herwydd (hynny'n plesio'n fwy!), a pha mor debyg oedd bywyd y chwarelwr i fywyd y glöwr.

'O! O ardal y glo 'dach chi'n dŵad?' gofynnodd.

'Ie,' medde fi, 'o Aberdâr.'

'O!! Aberdâr!' medde hi ... 'Gas gen i'r lle!!' ...

Do, bu tawelwch am ... wel, eiliadau, oedd yn teimlo fel oriau, cyn i John, chware teg iddo, achub y dydd wrth holi am ryw stori fer newydd o'i heiddo.

Beth maen nhw'n ddweud? Ddylech chi byth gwrdd â'ch arwyr? Wel, falle, ond, a bod yn deg, er bod Brenhines ein Llên wedi sarhau fy nhref enedigol fe lofnododd gopi o'i chyfrol deyrnged i mi, a dwi ddim yn meddwl i mi fwynhau siwrne car gymaint erioed. Wrth i ni ddychwelyd i'r coleg o Ddyffryn Clwyd stopodd hi ddim siarad, ac roedd ganddi wybodaeth ddifyr am bob pentref a bwthyn rhwng Dinbych ac Aber. A do, fe siaradodd yn eithriadol o ddifyr yng nghyfarfod Taliesin y noson honno. Felly, fe gafodd faddeuant gan y boi o Aberdâr ... ond dim ond jest, Queenie! Dim ond jest!!

Os taw anghydfod a maddeuant oedd hanes Dr Kate a fi (dyna chi frawddeg do'n i ddim yn disgwyl ei hysgrifennu byth!), dyna'n union oedd hanes Hergest yn ystod y flwyddyn neu ddwy nesa. A dweud y gwir, dyna oedd hanes Hergest o'r cyfnod hwn tan y diwedd. 'Personal and musical differences' oedd hoff ymadrodd y *Melody Maker* a'r *NME* pan oedd bandiau'n cwmpo ma's neu'n chwalu, ac roedd hynny'n crisialu Hergest. Wedi llwyddiant y record gyntaf, roedd Derec â'i fryd ar fynd â'r band i gyfeiriad gwahanol i'r gweddill ohonon ni. Bu cwmpo ma's, a gadawodd i ffurfio Cwrwgl Sam gyda hen gyfaill ysgol i mi, Barry Michael Jones. Triawd, felly, oedd Hergest bellach, a minnau'n dal i berfformio ambell waith fel unigolyn.

Yn ystod y cyfnod hwn fe fues i'n aelod o Fudiad Efengylaidd Cymru, ac yn ymwelydd cyson â Choleg Bala-Bangor lle'r oedd y gitarydd a'r cyfansoddwr Arfon Wyn. Fe ddaeth y ddau ohonom yn gyfeillion da, gan gydchwarae mewn ambell i gyngerdd gyda'i fand Atgyfodiad a recordio dwy gân Gristnogol, 'Llawenhewch' a 'Trosom', dan yr enw 'Cyfeillion Crist'. Talwyd am y record honno, gyda llaw, gan ffarmwr hynaws o'r enw Wili Jones, Clydtai, gydag arian a gafodd am werthu llo! Bu sôn am ffurfio band gyda'n gilydd o'r enw Manna, ond fe'm perswadiwyd i aros gyda Hergest, ac felly y bu. Wedi penderfynu aros, recordion ni EP pedair cân fel triawd, gyda Charlie a John yn cynorthwyo, ac Arfon yn ymuno fel gwestai i ganu'r gitâr, a Derec i ganu'r organ geg. *Aros Pryd* oedd y teitl, oedd yn awgrymu taw dros dro yn unig y byddem yn driawd. Dwi wastod wedi teimlo pe bai Derec heb adael, ac wedi recordio'r gân 'Cei' gyda ni yn lle Cwrwgl Sam, y byddai'r EP bach yma wedi bod yn un arbennig, ond doedd e ddim i fod, ac felly ochr yn ochr â 'Porth y Gair', 'Myned Adref' ac 'Adferwch y Cymoedd' mae 'na gân o'r enw 'Blodeuwedd'. Cyfaddefiad – rown i'n ei chasáu hi ar y pryd, a dwi'n dal i'w chasáu! Sori, Blod!

Fe gyhoeddwyd *Aros Pryd* yn gwmws yr un pryd â record Ac Eraill, *Addewid*, oedd yn cynnwys y clasur 'Cwm Nantgwrtheyrn', a buon ni'n gwrando ar y ddwy record gyda'n gilydd 'nôl yng Nglanceri. Yr haf dilynol rown ni yn Llangrannog, ac yno hefyd roedd fy nghyfaill Cleif Harpwood aka Sharpwood aka Prendelyn. Roedd Cleif wrthi'n gweithio ar brosiect newydd, opera roc/gwerin wedi'i seilio ar hen chwedl Geltaidd. Unwaith roedd y plantos annwyl wedi cael eu hel i'w gwlâu yn y pebyll a'r cabanau, byddai Cleif a finnau'n gweithio ar gordiau i gân newydd. Bu Tecwyn Ifan ac ef yn gweithio ar y cordiau ar benwythnos Adfer ond roedd yr hen Harpwood wedi'u hanghofio nhw. Felly noson ar ôl noson mi fydden i'n cynorthwyo Cleif i adeiladu strwythur y gân, gan ddychmygu pa gordiau byddai Tecs wedi'u defnyddio. Ac o'r herwydd, yng nghaban swogs Llangrannog y clywyd y gân 'Nia Ben Aur' am y tro cyntaf. Mae'n rhyfedd iawn meddwl nad yw'r hen gaban swogs yno bellach. Bu'n rhan o fy mywyd cerddorol i a sawl un arall, dwi'n siŵr. Yno ar chwaraewr recordiau'r gwersyll y bues i'n gwrando ar Meic Stevens a'r Hennessys a'r Nhw a'r Chwyldro am y tro cyntaf. Yno hefyd ges i ambell i wers gitâr gan Catrin Edwards. Yno gyfansoddais i 'Hirddydd Haf' a sawl un o ganeuon yr opera roc/gwerin *Jiwdas*, ac yno, fel rown i'n sôn, y bues i'n canu gyda fy nghyd-denor o Rydfelen, Mr Cleif Harpwood.

Siom, fel mae pawb yn gwybod, oedd noson perfformiad *Nia Ben Aur* yn Eisteddfod Caerfyrddin ym 1974. Er yr holl ymarfer yng Nghanolfan yr Urdd, Caerdydd a Neuadd Bentref Bronwydd, fe aeth diffygion y system sain a'r prinder amser paratoi ar y noson yn drech na ni. Ond mae'r caneuon wedi parhau, ac mae cyfeillgarwch y criw a weithiodd ar y sioe hefyd wedi parhau. Wedi'r siom, fe aeth Cleif i ymuno ag Edward H, ac mi aeth Hergest ymlaen i Wernafalau, sef stiwdio recordio newydd Sain yn Llandwrog, i recordio'n record hir gyntaf ni – *Glanceri*, a hynny gyda'n haelod newydd, Arfon Wyn.

Mae'n rhaid i mi gyfaddef, dwi ddim yn cofio rhyw lawer am y recordio na'r cymysgu, ond dwi'n cofio'r siom aruthrol wrth dderbyn y record yn ôl gan y cwmni cynhyrchu, a'i chlywed am y tro cyntaf. Roedd hi'n swnio fel pe bai hi wedi'i recordio 'nôl ym 1875! Roedd yna *hiss* ar bob cân. F'ymateb i oedd y byddai'n rhaid ailgymysgu, doedd dim modd ei rhyddhau yn swnio fel ag yr oedd hi. Ond na, doedd Sain ddim yn gweld bod dim o'i le arni. Alla i ddweud wrthoch chi nawr, bu cwmpo ma's difrifol gyda Huw Jones. Taflwyd sen o'r naill ochr a'r llall, a geiriau fel diffyg proffesiynoldeb a cholli parch a gwaeth yn pingan trwy'r awyr. Dwedais i bethau dwi'n edifar amdanyn nhw hyd heddiw. Byddai ambell i berson wedi dweud wrthon ni, a fi yn arbennig falle, y diwrnod hwnnw, ble i fynd, a hynny'n haeddiannol. Ond chware teg i Huw, fe faddeuodd ein haerllugrwydd a bu cydweithio am flynyddoedd eto. Ond dwi'n dal yn siomedig heddiw o ran safon sain *Glanceri*. Roedd y caneuon yn haeddu gwell. Pe bai rhyw fand cyfoes Cymraeg awydd ailrecordio peth o'r caneuon ...?

O ran fy nghaneuon i ar y record, 'Niwl ar fryniau Dyfed' yw'r gân sydd wedi parhau, a dwi'n dal i'w chanu hanner can mlynedd yn ddiweddarach. A chredwch neu beidio, wrth ei pherfformio dwi'n dal i anghofio un llinell yn yr ail bennill! Yn eironig iawn, y llinell yw 'Eisteddais yn fud' ... mmm, henaint ni ddaw. Hanes perthynas yn chwalu sydd yma, gyda'r penillion yn disgrifio'n gwmws yr hyn ddigwyddodd ar strydoedd cefn Porthaethwy ar ddiwrnod y gwahanu. Bues i am yn hir yn chwilio am gytgan a ffordd i ddisgrifio sut rown i'n teimlo. Doedd dim gair yn y Gymraeg i gyfleu y 'blues', a dyna rown i angen. Yna, ar fore dydd Llun gwlyb mewn darlith ar y Mabinogi dyma ddarllen y frawddeg 'A daeth niwl dros Ddyfed', brawddeg rown i'n gyfarwydd â hi, ond nawr roedd hi'n golygu rhywbeth gwahanol i mi. Roedd hi'n disgrifio shwt o'n i'n teimlo i'r dim. Yn ogystal â hynny, rown i yn Aber yn Nyfed, a'r cyn-gariad yn Eryri. Felly roedd modd gwthio'r ddelwedd Fabinogaidd yn bellach eto. O gael y ddelwedd niwlog, Fabinogaidd yn fy mhen, fe ddaeth y gân yn weddol glou, a jest mewn pryd i'w chynnwys ar *Glanceri*. Hyd heddiw, mae'n un o fy hoff ganeuon o'm heiddo, a hynny am sawl rheswm.

Yn gyntaf, mae'n gân sy'n cynnwys delwedd o'r Mabinogi ac yn cael ei chanu gan fand wedi'i enwi ar ôl Llyfr Coch Hergest lle cofnodwyd y Mabinogi. Yn ail, mi gefais i ddefnyddio'r gair 'ffenics' mewn cân. Yn f'arddegau mi rown i'n darllen cylchgrawn o'r enw *Finding Out*, ac ar y dudalen gefn roedd wastod hanes a llun o gymeriad neu greadur mytholegol, ac yno y gwelais i lun a hanes y Ffenics am y tro cyntaf, ac fe arhosodd y ddelwedd a'r chwedl lawn gobaith am aileni o'r tân gyda fi – nes cael lle yn y gân. Mae'n rhyfedd sut mae pethau bach yn plesio'n fawr. A'r rheswm olaf – ymateb y gynulleidfa i'r gân. Mae'n un o lond dwrn o ganeuon dwi'n eu canu lle mae'r gynulleidfa'n cydganu â mi, ac mae hynny'n deimlad braf, a theimlad mae pob cyfansoddwr yn ddiolchgar amdano.

4.

Dyddie Da

Hei, hei, ferch y bryniau,
Ma' 'meddwl yn crwydro atat ti o hyd.
'Nôl i'r dyddiau ger y glannau a'r creigiau mud,
A ni ein dau heb ofal yn y byd.

Ond doedden nhw'n ddyddie da,
Ond doedden nhw'n ddyddie da,
Ond doedden nhw'n ddyddie da dros ben.

A hei, hei, fy mrawd a 'nghyfaill,
Rhyfedd o daith a ranson ni.
A gofi'r hafau hir pan ganon ni gyda'r wawr?
O! ma'r cyfan, mor felys mor agos i mi nawr.

Ond doedden nhw'n ddyddie da ...

Canwr unigol o'n i pan ddechreuais i gyfansoddi a hyd yn oed pan oeddwn i'n aelod o Hergest bues i'n canu fel unigolyn, felly roedd yr awydd i wneud record unigol yn gryf o'r dechrau. Ym 1976 fe gefais i gynnig i wneud hynny, ond yn gyntaf roedd rhaid dychwelyd i Wernafalau i gwblhau record newydd Hergest. Yn ystod y flwyddyn bu newid eto i aelodaeth y band; roedd yna anniddigrwydd rhwng rhai o'r aelodau (dim byd newydd man'na!) ac fe benderfynodd Arfon adael. Bu bron i fi fynd gydag e, ond am yr eildro mi benderfynais aros. Gadawodd un, a dychwelodd un – do, dychwelodd y mab afradlon, Derec Brown, ac felly roedd yr Hergest gwreiddiol 'nôl gyda'i gilydd. Gyda John a Charlie (pwy arall?) ac aelod arall o Edward H, sef Hefin Elis, yn cydbeiriannu a chynhyrchu, fe ddechreuon ni ar y gwaith. O'r cychwyn roedd y saith ohonom yn ymwybodol mai hwn oedd y cyfanwaith gorau i ni ei greu, ac roedd yr elfennau o'n plaid. Haf 1976 oedd un o'r hafau gorau ers blynyddoedd, awyr las am fisoedd a phawb yn teimlo'n dda. Tywydd Califforniaidd – perffaith i'r teimlad a'r sain oedd ar y record. Fe gafwyd eisteddfod gofiadwy yn Aberteifi ac fe gafodd y record dderbyniad ardderchog, gyda 'Harbwr Aberteifi', 'Cwm Cynon', 'Ugain mlynedd yn ôl' a 'Dinas Dinlle' yn dipyn o ffefrynnau, ac esgorodd ar gigs di-ri ar gyfer gweddill y flwyddyn. Oedd, roedd 1976 yn mynd i fod yn flwyddyn arbennig.

Rown i newydd raddio a newydd dderbyn fy swydd gyntaf fel trefnydd yr Urdd. Ffarwél felly i fy hoff gymoedd llwyd dwyieithog yn y de, a shwmai bryniau gwyrdd a chymdeithas Gymraeg sir Feirionnydd. Roedd fy nyddiadur gwaith yn llawn a hefyd roedd 'na ddyddiadau wedi'u clustnodi ar gyfer recordio fy nghasgliad unigol cyntaf gyda Sain. O'r holl recordiau dwi wedi'u gwneud, heb os, dyma'r un fwyaf personol. Fe gafodd lot fawr o bobol eu siomi ynddi am eu bod nhw'n disgwyl rhyw fersiwn Hergestaidd ysgafn, ffwrdd-â-hi ohonof fi, ac mae yna gyffyrddiadau felly yna. Mi fyddai 'Strydoedd Bangor' wedi gallu bod ar record Hergest (pe bai'r bois wedi gallu dysgu chwarae'r cordiau i gyd!) ac mae lleisiau Hergest aka Meibion y Machlud drosto fe i gyd. Ond mae'r teimlad yn gwbwl wahanol, a falle bod hynny oherwydd natur y caneuon a'r ffaith taw'r piano yw'r prif offeryn.

Yn y parlwr 'nôl yn Aberdâr y cyfansoddais y rhan fwyaf o'r caneuon, a hynny dros sawl blwyddyn. Mam a 'Nhad yn y stafell fyw a finne'n canu'r piano am oriau yn y parlwr. Nawr dwi am i chi sylweddoli taw am dŷ teras bach ry'n ni'n sôn fan hyn, ac roedd sain y piano'n llenwi'r tŷ; a dweud y gwir roedd e i'w glywed tu fa's hefyd. Byddai cryts yr ardal yn dod i eistedd o dan y ffenest ar y pafin i wrando ac i chwerthin ac i daro'r ffenest tra 'mod i wrthi. Cofiwch hefyd, do'n i ddim yn gallu ysgrifennu'r gerddoriaeth lawr, mater o ailchwarae drosodd a throsodd a throsodd oedd hi nes 'mod i'n cofio'r alaw a'r cyfeiliant. Wnaeth Mam a 'Nhad erioed gwyno!

Ffrwyth y canu piano parhaus oedd 'Breuddwyd Hud'– cân i ... aaaah! Rhian Jones ... pan own i o dan ddylanwad cyffuriau – cyfreithlon, dwi'n prysuro i ddweud! – yn Ysbyty Cas-gwent. Hon hefyd oedd y gân gyntaf i Fyddin Iachawdwriaeth Bili Ifans ei pherfformio yng Nglan-llyn. Yna dwy gân serch gyda neb llai na Bili Ifans ei hun yn trefnu'r llinynnau ar un ohonyn nhw, sef 'Rhywun'. Ac yn olaf, ond bendant ddim y lleiaf, ac yn fy marn i prif gân y record, 'Crwydryn yr Anial' – cân o deyrnged i bawb fuodd yn y carchar dros yr iaith neu dros heddwch, ond yn benodol i Dri Penyberth, Ffred Ffransis, a chyfaill i mi o'r enw Arfon Jones. Mae'n bosib bod y gân hon yn fwy nodweddiadol ohono i na'r un gân arall ar y pryd. Mae'n llawn delweddau Celtaidd, mae wedi'i seilio ar farwnad Gruffudd ab yr Ynad Coch i Lywelyn, mae'n anelu'n ddifaddau am y gytgan, ac wrth gwrs, mae'n uffernol o hir!! Dwi'n cofio'i chanu i griw o ffrindiau yn Abertawe, a rhywle tua'r ail bennill fe aethon nhw i'r siop gornel i nôl bwyd, a pan ddaethon nhw 'nôl rown i'n dal i ganu! Ond a bod yn ddifrifol am eiliad, mae'n gân sy'n meddwl lot fawr i mi, ac mae fy niolch i gymaint heddi ag yr oedd bryd hynny i'r rheiny oedd yn ddewrach na mi ac a wynebodd garchar dros ein hiaith a'n diwylliant.

Mae yna ddwy gân arall ar y record, dwy gân yn ymwneud â chrefydd – dwy gân sy'n gwbwl wahanol i'w gilydd, ond dwy gân sy'n gysylltiedig. Cyfansoddwyd 'Gwaed' ym 1975 a 'Cylchoedd' ym 1976, a rhwng y ddau ddyddiad fe gollais fy ffydd, a hynny mwy neu lai yn llwyr. Roedd sawl peth wedi bod yn fy mhoeni ers tro, ac amheuon am uniongrededd yn pentyrru, ond fe ddigwyddodd rhywbeth penodol wnaeth fy mherswadio fy mod yn dilyn y trywydd anghywir. Bues i yng nghwmni teulu Efengylaidd oedd newydd gael plentyn bach, ac wrth i ni sgwrsio dros ginio fe ddechreuodd y baban yn y crud grio.

'O! Ma' rhywun arall isie bwyd,' medde fi.

'O na, arwydd o'i bechod yw ei grio,' oedd yr ymateb.

'Wel na, naill ai mae e isie bwyd neu newid ei gewyn falle,' medden i eto.

'Na! Arwydd o'r baban yn pechu yn erbyn Duw yw ei grio,' oedd yr ymateb pendant.

Rown i'n ffaelu credu fy nghlustiau, ac yn dyheu am fynd o'r tŷ. Wedi cyrraedd yn ôl i f'ystafell yn y coleg roedd yna fil o feddyliau a chwestiynau yn mynd rownd yn fy mhen, a'r amheuon am yr hyn rown i'n meddwl 'mod i'n ei gredu yn tyfu, a dyna yw'r gân 'Cylchoedd' – ymdrech i ddisgrifio sut deimlad oedd e i golli ffydd, a pha mor amddifad rown i'n teimlo. Fe droiais fy nghefn yn llwyr ar uniongrededd, a dwi'n falch o hynny, achos dwi'n siŵr bod yr uniongrededd yna wedi fy ngwneud yn hunangyfiawn iawn ar adegau, ac yn bendant mi wnaeth i mi golli golwg ar agwedd ddyngarol a thrugarog Cristnogaeth fy magwraeth.

Fel y soniais i, cymysg oedd yr ymateb i'r record – roedd rhai yn ei hoffi'n fawr ac eraill yn fwy na bodlon dweud ei bod hi'n 'boring'. Ond mi gefais fy mhlesio'n fawr pan ddwedodd neb llai na'r swynwr o Solfach, Meic Stevens, ei fod e'n hoffi'r albwm yn fawr, ac mai dyma'r record orau a mwyaf diddorol iddo'i chlywed ers tro. Allwch chi ddim dychmygu pa mor llydan oedd fy ngwên y diwrnod hwnnw.

Blynyddoedd yr Urdd oedd y blynyddoedd rhwng '76 a '79. Fel trefnydd yr Urdd ym Meirionnydd mi fues i'n trefnu gweithgareddau lleol a sirol, trefnu eisteddfodau, cysylltu â'r Adrannau a'r Aelwydydd, cydlynu cyrsiau awyr agored a chyrsiau iaith yng Nglan-llyn a Llangrannog, a threfnu pwyllgorau wrth gwrs, ac wrth wneud cael cyfle i deithio ar hyd ac ar led un o siroedd harddaf Cymru. O lan y môr yn Nysynni ac Ardudwy i dirwedd llwyd, diwydiannol Blaenau Ffestiniog, ac o harddwch neilltuol ardal Cader Idris a Dinas Mawddwy i lan Llyn Tegid. Mawr oedd fy mraint. Rown i hefyd yn freintiedig o gael cydweithio'n aml gyda dau drefnydd arall, yr hynod Dafydd 'Miaw' yn Eryri, a'r ddiweddar annwyl Meinir Wyn ym Maldwyn, a hynny fel arfer er mwyn trefnu gigs. Rown i'n grediniol, hyd yn oed mewn ardal wledig fel Meirionnydd, bod angen i'r criw ifanc glywed cerddoriaeth gyfoes Gymraeg. Y diwylliant pop a roc Saesneg oedd ym mhobman yn ystod fy arddegau i, ond roedd pethau'n wahanol i Gymry Cymraeg ifanc y saithdegau, ac roedd angen manteisio ar hynny a'u gwreiddio yn y gerddoriaeth newydd. Felly, rown i'n teimlo bod trefnu gigs yn rhan hanfodol o fy ngwaith gyda phobol ifanc. Daeth Edward H, Crysbas, Y Trwynau Coch, Tecwyn Ifan, Geraint Jarman a'r Cynganeddwyr ac eraill i'r sir, a dwi'n credu, wel, dwi'n gobeithio bod y drochfa o gerddoriaeth Gymraeg wedi gwneud rhywfaint o wahaniaeth.

Cerddoriaeth oedd y cysylltiad gyda gweithgarwch arall o eiddo'r Urdd y bues i'n gysylltiedig gydag e yn y cyfnod hwnnw, sef gwaith y Cwmni Theatr Ieuenctid Cenedlaethol o dan arweiniad Emyr Edwards a'i briod Cath. Dramâu oedd arlwy arferol y cwmni, ond yn '76 fe ddechreuwyd cynnwys caneuon yn eu sioeau. Felly roedd angen band a chyfarwyddwr cerdd, a gan fy mod i'n gweithio i'r Urdd, ac felly'n rhad iawn, fi gafodd y jobyn. *Harri* oedd y sioe gynta, geiriau Emyr a'r gerddoriaeth gan Endaf Emlyn: hanes y môr-leidr Harri Morgan gyda'r cyflwynydd newyddion Dilwyn Young Jones yn y brif ran – doedd Johnny Depp ddim ar gael! Yna, y flwyddyn ddilynol, *Miss Gwalia* gan Urien Wiliam, ac fe gefais i gyfansoddi'r gerddoriaeth.

Wrth weithio ar *Miss Gwalia* fe sylweddolon ni fod ganddon ni aelodau yn y cast oedd yn gerddorol iawn, a bellach yn weddol o brofiadol ar lwyfan. Roedd gyda ni fand da o gerddorion yn ogystal – Gareth Thomas a Rhys Dyrfal, aeth ymlaen i ganu gyda Hergest a Bando, a Tudur Morgan aeth ymlaen i ganu gyda Pedwar yn y Bar a sawl grŵp arall. Felly fe benderfynodd Emyr y bydden ni'n mynd amdani y flwyddyn ganlynol a llwyfannu opera roc. 'Ti'n meddwl bod e'n bosib, Em?' oedd fy nghwestiwn i. 'Wrth gwrs 'i fod e,' oedd ei ateb parod. A dyna fu. Ac o fewn dim i gwpla *Miss Gwalia* roedd yna drefnu cyfarfodydd a chlyweliadau ar gyfer y cast. Ar ddechrau'r haf fe gyrhaeddodd y sgript, opera roc i'w pherfformio adeg y Pasg 1979, a'r teitl – *Jiwdas*. Fe ddechreuais i gyfansoddi mwy neu lai yn syth, nid oherwydd unrhyw agwedd broffesiynol ond yn hytrach, panic llwyr. Byddai angen o leiaf ugain o ganeuon, a'r rheiny'n barod erbyn y Nadolig er mwyn i mi eu recordio ar gasét (cofio'r rheiny?) a'u danfon i'r cast o 60 fel eu bod nhw'n gallu eu dysgu cyn cyrraedd Llangrannog am wythnos o ymarfer cyn y Pasg.

Ie, wythnos, i ymarfer a dysgu'r caneuon, gwneud y coreograffi, sicrhau bod y gwisgoedd yn iawn, trefnu'r goleuo ac ati ac ati, cyn mynd i deithio i theatrau Cymru yr wythnos ganlynol. Yn ffodus i mi rown i wedi dod i adnabod y cast yn dda yn ystod y ddwy flynedd cyn hynny, felly roedd modd cyfansoddi ar eu cyfer. Daeth y band at ei gilydd yn syndod o rwydd, a jest i wneud pethau'n fwy diddorol fe ychwanegwyd adran linynnau o dan arweiniad Dulais Rhys. Sut lwyddon ni i gynnal y fath sioe yn y fath amser gyda'r fath niferoedd dwi dal ddim yn gwybod. Heb os, roedd talent a brwdfrydedd y criw ifanc yn ffactor, a phe bawn i'n enwi dim ond rhai o'r cantorion – Siân James, Huw 'Bala' Williams, Stifyn Parri, Elfed Dafis, Dylan Davies, Elen ap

Robert a Neil Maffia – mi fyddai'n rhoi syniad i chi cystal pobol oedd gyda ni, a thu ôl i'r llenni fe aeth yna lu o bobol ymlaen i gyfrannu i ddiwylliant theatrig a gweledol Cymru. Bu *Jiwdas* yn llwyddiant ysgubol, ac fe aeth Cwmni Theatr Ieuenctid yr Urdd yn ei flaen am flynyddoedd gan gynnig llwyfan gwerthfawr i nifer di-ri o berfformwyr.

Mae fy niolch i'r Urdd yn aruthrol, o ddyddiau'r gwersyll pan o'n i'n grwt deng mlwydd oed yn mynd i Langrannog, i berfformio'r gân bop yn Eisteddfod Abertawe, cael gweithio yn fy swydd gyntaf ym Meirionnydd, a chael y cyfle i fod yn drefnydd cerdd i'r Cwmni Theatr Ieuenctid. O! Ac un peth arall gweddol o bwysig: wedi derbyn y swydd ym Meirionnydd, mi es i gyfarfod â'r staff yng Nglan-llyn. Wedi'r cyfarfod mi es am dro at y llyn, ac yno'n eistedd ar y *jetty* roedd 'na ferch o'r enw Ann. Oes angen dweud mwy? Ie, priodas arall i ychwanegu at restr faith Urdd Gobaith Cymru. Diolch, Syr Ifan.

Mae'n anodd dweud ai'r Urdd neu Edward H gafodd y dylanwad mwyaf ar ieuenctid Cymru yn ystod y 70au. Fe gyneuodd y band fflam anhygoel, fflam wnaeth danio Cymry ifanc ar draws y wlad, ac fe aeth pawb, o'r gynulleidfa i'r cyfryngau, yn hurt bost, ac roedd pawb eisiau mynd i gigs Edward H – a dawnsio. Y ddawns a'r disgo oedd yn mynd â hi, ac fe ddiflannodd cyngherddau i'r cysgodion. Llusgwyd bandiau Cymru i ddilyn Edward H ac roedd angen i bob band nawr gynnal set 'ddawnsiadwy', ac roedd hynny'n cynnwys Hergest. Felly wrth baratoi'r record nesaf – *Hirddydd Haf* – roedd poblogrwydd y ddawns yng nghefn ein meddyliau, ac am y tro cyntaf roedd gyda ni uned rhythm ein hunain; daeth Gareth Thomas a Rhys Dyrfal o'r band Jiwdas i ymuno â ni. Yn eironig iawn, dwi'n meddwl taw'r ddwy gân werinol dawel 'Hirddydd Haf' a 'Ffair Llandeilo' yw caneuon gorau'r record, ond y caneuon mwy dawnsiadwy aeth â hi yn Eisteddfod Wrecsam '77 lle gawson ni'r teitl 'Grŵp yr Eisteddfod', a chlywyd 'Tyrd i Ddawnsio' yn cael ei chanu ar y meysydd pebyll a charafannau hyd yr oriau mân.

Yn ôl papur newydd Y *Cymro* rown ni ar y brig, ond mae'n rhyfedd, on'd yw e, pa mor aml mae'r bandiau sydd ar y brig yn dechrau dadfeilio? A dyna oedd hanes Hergest. Er i ni gael nosweithiau da mewn dawnsfeydd, a chlod a bri yn yr Eisteddfod, rown i'n bersonol yn anhapus iawn o fewn y band. Yn gyntaf, rown i'n teimlo'r pwysau i ddilyn poblogrwydd 'Dinas Dinlle' gyda *hit* arall, ac er bod 'Tyrd i Ddawnsio' wedi llwyddo yn hynny o beth, i mi roedd 'rhywbeth o'i le, rhywbeth mawr o'i le' – rown i'n teimlo fel tasen i'n sgrifennu er mwyn cynnal poblogrwydd y band yn lle cyfansoddi'r hyn oedd yn bwysig i mi. Rown i hefyd yn anhapus iawn â safon yr albwm. Dim ond 'Hirddydd Haf' o 'nghaneuon i oedd yn fy mhlesio, ond yn fwy na hynny roedd y ddeinameg o fewn y band wedi newid, ac rown i'n teimlo'n fwyfwy rhwystredig ac ar wahân. Gyrhaeddais i bwynt lle'r o'n i wedi blino ar y siniciaeth a'r sneidrwydd a'r jôcs mewnol, a'r diffygion yn ein gallu cerddorol. Rown i'n teimlo ein bod ni wedi troi'n *dance-band* eilradd. Y canlyniad – fe gyhoeddais i 'mod i'n gadael y band. Hwn oedd y trydydd tro i mi feddwl am wneud, ond y tro yma rown i'n bendant yn gadael, ond gan gytuno i beidio â chyhoeddi hynny nes ein bod ni'n gwneud un record arall. Yn rhyfedd iawn, er bod yr aelodau'n dechrau edrych at ddyfodol ar wahân, a phrosiectau gwahanol, fe lwyddon ni i greu record ffarwél ddigon deche, ac fe rown i'n lot hapusach gyda fy nghyfraniadau i i'r cyfanwaith.

Bues i'n meddwl am hir sut fydden i'n teimlo wrth i'r band ddod i ben, a pha fath o gân fyddai'n addas fel clo i'r holl flynyddoedd. Fe ddechreuais i hel meddyliau am yr holl gyngherddau a gynhaliwyd, a'r profiadau ranson ni yn ystod y cyfnod, a'r newid a fu. Beth oedd yn aros yn y cof? Wel, teithiau cynnar Cymdeithas yr Iaith i ddechrau. Ar ôl yr Eisteddfod Genedlaethol mi fyddai sawl band, a Hergest yn eu plith, yn mynd o un lle i'r llall i gynnal noson lawen i godi arian i'r Gymdeithas. Fe ganon ni'n pedair cân mewn sawl lle, ond dwi'n cofio un noson mewn sgubor yn Parc, y Bala, lle dderbynion ni gymeradwyaeth am y ffaith ein bod ni wedi teithio 'yr holl ffordd o Aberystwyth'. Wir! Noson arbennig, a noson, wrth edrych yn ôl, dwi'n teimlo mor ffodus 'mod i wedi'i phrofi, achos roedd hi'n noson oedd yn perthyn i gyfnod oedd ar fin diflannu. Mi fyddai Bob Roberts, Tai'r Felin wedi teimlo'n gartrefol iawn yno. Unawdau gwerin, deuawdau cerdd dant, parti bach lleol, storïau hen ffasiwn ac annwyl Mair Penri yr arweinyddes, a'r merched lleol yn paratoi brechdanau fferm i'r 'bois o bant'.

Yr eironi mawr oedd bod y 'bois o bant' â'u bryd ar symud ymlaen o'r fath noson, gan gynnal eu nosweithiau eu hunain, gyda system sain dda, a set o awr o ganeuon, a cherddoriaeth gyfoes i gynulleidfa o hipis gwalltog Cymreig yn eu denims blêr. Roedd e ar y ffordd, ond doedd e heb gyrraedd eto. Yna, noson yng Ngheinewydd, yn y neuadd bentref, gyda phiano oedd â hanner ei nodau ar goll, profiad cyffredin a rhwystredig iawn i mi, pianydd y grŵp. Cododd yr arweinyddes ar ei thraed a chyhoeddi ar ddechrau'r noson bod 'Jacob ni', sef D. Jacob Davies, y bardd bregethwr Undodaidd, un o fawrion yr ardal a'r genedl, wedi marw. Fe dalwyd teyrnged dwymgalon iddo, a sawl un o'r gynulleidfa yn eu dagrau. Fe gafwyd munud llawn o dawelwch er cof, cyn y geiriau yma – 'Diolch i chi i gyd, a nawr, rhowch groeso i Hergest.' Ie ... beth alla i ddweud? Nid Jacob oedd yr unig un i farw yng Ngheinewydd y diwrnod hwnnw!

Ymlaen i Gaerfyrddin, a noson wych yn y Mart – *not* – neb yn gwrando a phob ffarmwr yn clatsio! Y gorllewin gwyllt, myn yffach i! Yna, sawl cyngerdd gwych yn sir Benfro, go iawn tro hyn. A dweud y gwir, sir Benfro oedd un o hoff lefydd Hergest i ganu, a galla i ddweud yn gwmws yr un fath. Dwi wastod wedi derbyn croeso arbennig yno. Flynyddoedd yn ddiweddarach fe gynhalion ni gyngerdd yn Rhosllannerchrugog, a phawb ar ben y byrddau'n dawnsio. Torrwyd ambell i ford a sawl cadair, ond rywsut neu'i gilydd doedd neb yn gallu credu mai cynulleidfa'r band bach acwstig neis Hergest 'na oedd yn gyfrifol, a'r Trwynau Coch gafodd y bai! Sori, bois!

Yna noson fythgofiadwy yn Afon-wen, ar blatfform yr hen orsaf drenau os dwi'n cofio'n iawn, a phawb yn edrych 'mlaen yn eiddgar at glywed y bandiau trydan newydd, ac yn arbennig Edward H, ond fe ddaeth hi'n law mawr, ac fe gollwyd y trydan! Beth nawr? Wel, roedd un band didrydan ar ôl yn y wlad, ie, yr hynod hen ffasiwn erbyn hynny – Hergest, ac fe lwyddon ni i ganu i ddiddanu'r dorf. Beth ganon ni? Beth arall ond 'Yn y glaw, yn y glaw ...'!! Ie, yn ymyl trac y trên i Afon-wen, am un noson yn unig, roedd ein gitarau pren yn drech na phŵer y Fender Strat.

Felly, wrth ddod â'r band i ben, roedd fy nheimladau'n hapus-drist. Yn sicr roedd hi'n bryd i Hergest bennu, roedd 'na drwbwl ym mharadwys, ond wrth edrych yn ôl y pethau da oedd y pethau pwysicaf, felly dyna rown i am ei roi yn y gân ffarwél; ac wedi'r cyfan, wedi pwyso a mesur, oedden, mi oedden nhw'n 'Ddyddie Da' ... dros ben.

5.

Un Seren

Pe bawn i'n gallu dweud wrth Dat-cu
Bod 'na ddynion wedi cerdded ar y lleuad,
Byddai'n anodd ganddo gredu bod dyn
wedi medru mynd mor bell, mor bell,
Ond dyna ni, mae'n rhyfedd o fyd.

A phe bawn i'n gallu dweud wrth Mam-gu
Bod 'na sêr heibio'r sêr yn ôl ein gwyddonwyr ni,
Byddai'n anodd ganddi gredu bod dyn
wedi medru gweld mor bell, mor bell,
Ond dyna ni, mae'n rhyfedd o fyd.

Ond o, nid fel'na bu hi,
Na, roedd pethau yn well bryd hynny,
Neu efallai mai fi sy'n hen ffasiwn.

Dim ond un seren, un seren,
Un seren oedd yn bwysig i ni,
Dim ond un seren fry uwch Bethlehem,
Dim ond un seren a gymrodd ein bryd.

Y Nadolig, mae'n ddrud, mae'n drafferth!
Na'r Nadolig, mae'n em, mae'n brydferth.
Ac mae'n anodd gen i gredu bod dyn
wedi medru anghofio yn llwyr,
Prydferthwch, rhyfeddod yr ŵyl.

Achos o, nid fel'na bu hi ...

Dim ond un seren ...

Os daeth un cyfnod yn fy mywyd i ben gyda Hergest yn cwpla, fe gychwynnodd cyfnod newydd wrth i mi adael yr Urdd a chychwyn fel cyw-gynhyrchydd rhaglenni cyffredinol gyda Radio Cymru ym Mryn Meirion ym Mangor. Do, fe aeth y boi bach o'r Cymoedd at y Gogs a'r Bangor-lads ai!! Beth alla i ddweud am fy nghyfnod yno! Wel, roedd e'n bleser pur. Rown i'n gweithio gyda chriw o bobol hyfryd, ac ar ben hynny, pobol gwbwl ymroddgar. Yn Hydref '79 fe ddechreuodd Radio Cymru ddarlledu trwy'r bore, bob bore, ac fe gefais i gyfle i fod yn rhan o'r antur newydd. Yr ardderchog Ifan Roberts oedd yn bennaeth arnon ni, fi a fy nghyd-gynhyrchwyr Lyn T. Jones ac Alwyn Samuel, a'n hymchwilwyr diflino Marian Wyn a Bethan Jones. Nes lawr y coridor roedd yr Adran Grefydd lle'r oedd gŵr eithriadol o'r enw Elwyn Jones yn gweithio, gŵr a gyfrannodd yn helaeth i waith gwerthfawr y Samariaid, cymaint felly nes iddyn nhw enwi eu canolfan ym Mangor ar ei ôl. Ochr draw yr hewl roedd yr Adran Ddrama dan ofal Dafydd Huw ac Edith a Gwawr. Ac ym mhen draw y coridor roedd Pennaeth y BBC ym Mangor ar y pryd, R. Alun Ifans, ac Alun oedd cyflwynydd y rhaglen gynta i mi ei chynhyrchu ar y radio, sef *Codi'r Ffôn*.

Fel mae'r teitl yn ei awgrymu, *phone-in* oedd *Codi'r Ffôn*. Mi fyddai 'na destun gwahanol bob wythnos, arbenigwr yn y stiwdio yn cadw cwmni i Alun, a gwahoddiad i wrandawyr Radio Cymru ffonio i holi neu i drafod. Testun ein rhaglen gynta ni oedd hen bethau – hynny yw, *antiques* – a'n gwestai ni oedd yr arwerthwr David Rogers Jones. Alla i ddweud wrthoch chi, chefais i fawr o gwsg y noson flaenorol! Beth petai neb yn ffonio? Beth petai'r arbenigwr ddim yn gwybod digon am ei bwnc? Beth petai ... beth petai ... Wel, doedd dim angen i mi fod wedi poeni. Gyda'r darlledwr profiadol wrth y llyw a David yr arbenigwr yn benigamp, a Heulwen, Ann a Stella – ein merched ar y ffonau – yn boddi dan y galwadau di-ri, fe ddiflannodd yr awr dan ein trwynau, gyda digon o alwadau sbâr i gynnal sawl rhaglen arall ar hen bethau yn y dyfodol.

Nid felly'r oedd hi bob tro, mae'n rhaid cyfadde, ac ar yr adegau pan oedd y pwnc ddim yn taro, neu'r arbenigwr yn 'sychu' a chael trafferth siarad, byddai Alun yn camu i'r adwy gyda rhyw wybodaeth neu stori roedd ganddo wrth gefn, ac mi fydden i wrthi'n cael ffrindiau neu deulu i ffonio gyda chwestiwn rown i wedi'i baratoi iddyn nhw! Peidiwch â dweud wrth neb ond buodd Mam yn Mrs Davies, Mrs Harries a Mrs Jones yn ystod cyfnod *Codi'r Ffôn*! A buodd hi ar y ffôn un bore heb gael cyfle i roi ei dannedd gosod yn ei cheg! Ond doedd dim ei hangen hi y bore cynta hwnnw; bu'r bore hwnnw yn llwyddiant ysgubol, ac roedd yr arfer o godi'r ffôn yn y Gymraeg ar gerdded.

Yn ystod y tair blynedd y bues i'n gweithio ym Mryn Meirion mi gynhyrchais i ddwsinau o raglenni gwahanol, a'r rhai sy'n aros yn y cof yw *Crwydro* – rhaglen oedd yn ymweld ag ardal wahanol o Gymru'n wythnosol gan drafod hanes yr ardal gyda'r trigolion – rhaglen Gari Williams gyda'r digrifwr hynaws o Fochdre, a rhaglen i blant o'r enw *Ribidires*.

'Mae'n fore Sadwrn, mae'n chwarter wedi wyth, ac mae'n amser *RIBIDIREEEEEES*!' Dyna oedd geiriau Cefin Roberts wrth iddo gyflwyno'r rhaglen gyntaf, a phob un rhaglen wedyn am dros dair blynedd. Tri chwarter awr yn 'fyw' ar fore Sadwrn i blant a phobol ifanc, yn cynnwys cerddoriaeth, stori antur, cystadlaethau ar y ffôn, cyfarchion pen-blwydd, sgwrs gyda phlant o ardaloedd gwahanol, a jôc, llwythi o jôcs yng nghwmni cymeriadau fel Hywel a Blodwen y cariadon, Dai Daps y ffanatic o gefnogwr rygbi o'r Rhondda, heb anghofio Walter Trafoltyr yr hwyaden oedd yn cydgyflwyno gyda Cefin. Nawr, well i fi esbonio nad hwyaden go iawn oedd yr hen Walter, ond darn bach o bren oedd yn gwneud sŵn fel hwyaden, ond ar y radio yn nwylo Cefin fe ddaeth y darn bach o bren yn fyw ac mi fyddai'r sgwrs rhwng Cefin a Walter yn mynd rhywbeth fel hyn:

CEFIN: Bore da, Walter.
WALTER: Cwac cwac (Bore da).

CEFIN:	Gysgest ti'n iawn?
WALTER:	Cwac (Naddo).
CEFIN:	Naddo? Pam?
WALTER:	Cwac cwac cwac ... (Ges i freuddwyd ryfedd).
CEFIN:	Gest ti freuddwyd ryfedd?
WALTER:	Cwac cwac cwac ... ('Nes i freuddwydio bod darn mawr hir o loshin pinc a sosej wedi syrthio ar 'y mhen)
CEFIN:	Beth! Wnest ti freuddwydio bod darn mawr hir o loshin pinc a sosej wedi syrthio ar dy ben?
WALTER:	Cwaaaaac! (Do).
CEFIN:	O Walter, paid â phoeni, mae'n rhaid dy fod ti wedi cael 'Breuddwyd Roc a Rôl' Ha! Yn gwmws fel Edward H.

Q Cerddoriaeth Edward H

Ie, dwli llwyr.

Fe aned Walter Trafoltyr, brenin y dawnsio disgo – yn lle? Wel, yng Nghwm Rhyd-y-Chwadods! Fe ddaeth dau fyd ynghyd gyda Walter, yr obsesiwn byd-eang gyda dawnsio disgo wedi llwyddiant y ffilm *Saturday Night Fever*, a record Dafydd Iwan ac Edward, *Yn ôl i Gwm Rhyd-y-Rhosyn*. Aeth Cwm Rhyd-y-Rhosyn yn Gwm Rhyd-y-Chwadods! Rhwydd! Ac wrth i mi sgrifennu'r frawddeg ddiwetha 'na dwi'n gallu gweld Dafydd ac Edward yn eu siwtiau gwyn yn dawnsio dan y goleuadau ... Aaaaargh! Ymlaen!

Ie, Côr Aelwyd Cwm-Rhyd-y-Chwadods, rhyw Pinky a Perky o gôr (os i chi'n cofio Pinky a Perky amser te prynhawn dydd Sul yn y 6oau cynnar) yn canu caneuon gwerin a chyfoes Cymraeg. A do, fe gawson nhw *hit* gyda'r gân 'Joio Byw'. Gyda'ch gilydd nawr ... 'La la la la la la la' – cân gafodd lwythi o sylw ar raglenni Radio Cymru, ac a gafodd ryw fath o *cult status* pan ddefnyddiwyd hi ym mhenodau'r ditectif Tecs Hafgan ar raglen gomedi Dewi Pws, *Torri Gwynt*. Yffach! 'Joio Byw' ar 'Es-Sî-Ffôr'!!

Ac fe gafodd y Chwadods gyfle arall i serennu ar Es-Sî-Ffôr ymhen ychydig o flynyddoedd, ond mwy am hynny yn y man. 'Nôl â ni at wir seren *Ribidires* – Mr Cefin Roberts.

Fe gwrddais i â Cefin gynta yn Eisteddfod yr Urdd, Abertawe ym 1971; roedd e yno gyda'i gyfnither Megan Tŷ Capel. Nawr, digwydd bod, rown i wedi cwrdd â Megan ar gwrs Cymraeg yng Ngerddi Dyffryn dros y Pasg, a thrwyddi hi dyma gwrdd â'r ffrwydriad llawen a thalentog yma o Ddyffryn Nantlle, Cefin. Wedi cwrdd fe aethon ni ar hyd llwybrau gwahanol nes i ni'n dau lando lan yn byw rhyw ddeg drws oddi wrth ein gilydd ym Mangor. Meirion Edwards, golygydd Radio Cymru ar y pryd, gynigiodd deitl y rhaglen *Ribidires*, ac Ifan Roberts gynigiodd enw Cefin fel cyflwynydd. Derbyniais y ddau gynnig â breichiau agored. Ailgyneuwyd cyfeillgarwch, a chyneuwyd perthynas broffesiynol fyddai'n para am flynyddoedd.

Pe bai raid i mi ddisgrifio blynyddoedd *Ribidires* gyda Cefin mewn gair, wel 'hwyl' fyddai'r gair hwnnw. Mi fydden i'n codi Cef o'i dŷ am 7 o'r gloch ar fore Sadwrn er mwyn cyrraedd y stiwdio mewn da bryd, ond ymhell cyn cyrraedd Bryn Meirion byddai'r chwerthin wedi dechrau wrth wrando ar ei antur ddiweddaraf yn ystod yr wythnos – o losgi rhyw bryd o fwyd i adael drws rhyw westy bach ar agor gan ganiatáu i'r cathod ddod mewn a bwyta'r cyw iâr oedd yn y gegin! Ac ati ac ati – oedd, roedd yn llawn straeon.

Yn aml mi fyddai ar daith gyda rhyw gwmni drama neu'i gilydd a byddai'n rhaid danfon sgriptiau iddo ymlaen llaw, sgriptiau y byddai'n llwyddo i'w colli'n gyson wrth eu gadael mewn tacsis, neu ar fysus di-ri ar draws y wlad, ond yng Nghaerdydd yn bennaf. Nawr, doedd colli'r sgriptiau yng Nghaerdydd ddim yn ormod o broblem, achos mi fyddai Heulwen (neu fel byddai gwrandawyr *Ribidires* yn ei hadnabod, 'Heulsi Peulsi Cinsi Winsi Bwbas' – peidiwch â gofyn, doedd gyda fi ddim syniad beth oedd e'n feddwl chwaith, fe ddaeth e ma's o geg Cefin rhyw fore a stico!) ... Lle'r oeddwn i? O ie, mi fyddai Heulwen yn danfon y sgriptiau lawr rhyw linell ffôn i swyddfa Radio Cymru yng Nghaerdydd. OND, oes, mae 'na ond. Rhyw fore roedd Cefin yn Llundain, a do, fe adawodd ei sgriptiau ar y bws! Canodd fy ffôn ym Mangor, ac ar ochr arall y ffôn roedd Cefin – mewn panic llwyr. Beth allen i neud? Fe ddaeth Heulsi Peulsi Cinsi Winsi Bwbas i'r adwy. Yr unig beth allen ni neud, medde hi, oedd danfon y sgriptiau i ystafell newyddion y BBC yn Llundain. Gwych, medde fi, dyna be wnawn ni. Nawr, fel arfer byddai peiriant negeseuon swyddfa newyddion y BBC yn Llundain yn derbyn newyddion mawr y dydd, negeseuon oddi wrth newyddiadurwyr enwog fel Kate Adie neu Jeremy Bowen gyda straeon am frwydro yn Uganda neu'r Dwyrain Canol, llongau olew wedi suddo, lladradau, neu lywodraethau'n ymddiswyddo ac ati ... Ond y diwrnod hwn dyma beth ddarllenodd yr ysgrifenyddes ddieithr yn y swyddfa:

CEFIN:	Bore da, Walter.
WALTER:	Cwac cwac cwac.
CEFIN:	A pen-blwydd hapus!
WALTER:	Cwaaaaaac! Cwa cwa cwa cwâ cwac cwac ...

Ac ymlaen felly am dros ugain tudalen. Alla i ond dychmygu wyneb yr ysgrifenyddes druan yn derbyn y fath beth. Sdim rhyfedd iddi holi'n ddiweddarach os oedden ni i gyd ar gyffuriau! Ond dyw'r stori ddim yn cwpla'n fan honno. Tra oedd Heulwen wrthi'n danfon y sgriptiau lawr y lein, rown i ar y ffôn gyda'r ferch yn y dderbynfa yn Broadcasting House yn Llundain yn trio esbonio'r sefyllfa iddi hi – beth oedd wedi digwydd, a bod Cefin ar fin cyrraedd. Roedd hi wrthi'n holi shwt bydde hi'n ei adnabod e pan redodd rhywun mewn trwy'r drysau mawr o'i blaen.

'Oh,' medde hi, 'would he be a fluster of blonde hair in a massive hurry?'

'Possibly,' medde fi.

'And would he be jumping up and down in front of me in a total panic?'

'Probably,' medde fi.

'And would he be wearing a totally ridiculous purple and orange jacket and yellow trousers?'

'Definitely!' medde fi. 'That's my boy!'

Ie, y lliwgar, yr unigryw, a'r eithriadol o dalentog Cefin Roberts. Aeth ein llwybrau ar wahân eto ar ddiwedd fy nghyfnod gyda *Ribidires*, ond dim ond dros dro.

Roedd teulu Bryn Meirion yn deulu agos iawn, o'r gyrwyr i'r cynhyrchwyr, o staff y gegin i'r cyfranwyr, ac roedd hynny'n arbennig o wir ar brynhawn dydd Iau pan fyddai'r adeilad yn llawn wrth i bawb droi eu golygon at gynhyrchu deunydd i *Pupur a Halen*. Rhaglen ddychan wythnosol oedd *Pupur a Halen*, ac roedd cynhyrchydd y gyfres, Lyn T. Jones, neu LT i'w ffrindiau, yn eistedd gyferbyn â fi yn ein swyddfa, ac ar brynhawn Iau mi fyddai rhes o gyfranwyr yn cyrraedd gyda'u perlau o sgetsys a chaneuon. Y Parchedig John Gwilym Jones, John Ogwen, Norman Williams ac eraill, ac wrth gwrs, y ddau oedd yn portreadu'r holl gymeriadau yn y rhaglen – y ryfeddol Valmai Jones a Dyfan Roberts. Mi fyddai 'na fynd a dod diddiwedd, a sgriptiau ar bob desg ac ar y llawr ym mhob man. Darllen ac ymarfer, trafod y caneuon gydag Alwyn Samuel, a phawb yn trio cael y cyfan yn barod er mwyn recordio am 6 o'r gloch y noson honno. Rown i'n cyfrannu ambell i sgets ac ambell i gân wreiddiol, ac ar un dydd Iau arbennig cyn y Nadolig roedd LT yn pwyso'n drwm arna i am gân Nadoligaidd. Dechreuais drwy bori trwy'r papurau newydd ar fy nesg ond doedd dim byd yn f'ysbrydoli. Mi es ati i orffen sgets, dim siâp, mewn â fe i'r bin! Yna 'nôl at y papurau. Ailedrych am ryw stori i ysbrydoli cân. Na, dal dim byd.

'DS, wyt ti wedi gorffen y gân 'na 'to?'

'Dim 'to, LT.'

Cwpla sgets arall, hon yn well, ei rhoi i'r merched i deipo.

'DS – cân!'

'Reit o, LT.'

Erbyn hyn roedd y cloc yn tician a'r lle fel ffair, ond yng nghanol y rhialtwch, fe ddes i ar draws cwpwl o straeon wnaeth ddal fy sylw. Doedd dim cysylltiad rhyngddyn nhw, ac roedd y ddwy mewn papurau gwahanol, ond rywsut neu'i gilydd fe ddaeth y ddwy yn un. Stori'n tynnu sylw at ddifaterwch cymdeithas oedd un, a'r ffaith ein bod ni ddim yn trin ein henoed gyda'r gofal a'r parch roedden nhw'n ei haeddu. Dechreuais i feddwl am fy nhad-cu a'm mam-gu, Jonah a Hannah, a chymaint o feddwl oedd gen i ohonyn nhw. Stori wyddonol oedd yr ail stori, yn datgan bod yna seryddion wedi llwyddo i weld galaeth (*galaxy*) newydd, rywle 'mhell tu hwnt i'r sêr rown ni'n gallu'u gweld yn y nos. Roedd y swyddfa'n dal fel ffair, yn sŵn i gyd, ond yn fy mhen, roedd 'na ddistawrwydd, ac yn y distawrwydd yna rown i unwaith yn rhagor yn cerdded gyda Dat-cu lawr heibio'r nant wrth y Welfare Hall, rown i'n ca'l cwtsh 'da Mam-gu, rown i yng nghanol goleuade Nadolig tref Aberdâr, rown i'n canu yng nghapel Siloa, ac rown i'n grwtyn bach saith mlwydd oed yn eistedd ar ben y stâr yn gwrando ar Mam a 'Nhad yn canu carolau yn y parlwr lawr llawr. Daeth yr holl bethau yna i fy mhen, a dyna sy'n dal i fynd trwy 'mhen pan dwi'n canu'r gân heddiw, dyna'r pethau sydd rhwng y llinellau. Mae'n gân am y Nadolig, ydy, ond hefyd, mae'n gân sy'n cynnwys hiraeth am bobol a chyfnod symlach, ac mae'n gân am deulu a pherthyn, a chariad. Ond man cychwyn y gân ei hun oedd Dat-cu, Jonah Harries, y cyn-löwr a'r diacon yn yr Addoldy yng Nglyn-nedd, a fi'n dychmygu beth fyddai ei ymateb i'r stori am y sêr. Rhyfeddu, siŵr o fod. Ond roedd hi'n Ddolig, ac ar adeg y Nadolig dim ond un seren oedd yn bwysig i Dat-cu, un seren uwch y crud ym Methlehem. Un seren ... roedd y gân wedi'i geni.

O fewn ugain munud roedd fersiwn amrwd ohoni wedi'i chwblhau, erbyn 6 o'r gloch rown i wedi'i dysgu hi i Dyfan Roberts, ac erbyn 7 o'r gloch rown i wedi'i recordio hi. Dros amser cinio y diwrnod canlynol, mi aeth hi ma's ar y radio. A dyna ni, feddyliais i ddim mwy amdani. Y prynhawn hwnnw fe es i ati i gwblhau sgriptiau rhaglen *Nadolig Ribidires* cyn brysio adre i baratoi i fynd i noson gwneud cyflaith yn nhŷ Ifan Roberts a Margaret ei wraig, a noson dda oedd hi 'fyd!

Mi ganais i'r gân mewn gwasanaeth Nadolig yng nghapel Pendref ym Mangor ryw wythnos yn ddiweddarach. Ac wrth ei chanu yn y fan honno fe sylweddolais am y tro cyntaf gymaint roedd y gân yn ei feddwl i mi, a'i bod hi'n cyffwrdd pobol eraill hefyd. Ond wrth gwrs, oherwydd ei chysylltiad â'r Nadolig ddaeth dim cyfle i'w chanu wedyn am sbel go lew.

Flwyddyn yn ddiweddarach fe gytunodd cwmni recordiau Sain i wneud record fer o ganeuon Nadoligaidd Côr Aelwyd Cwm-Rhyd-y-Chwadods, record i blant, ond mi benderfynais i gynnwys 'Un Seren' hefyd fel rhywbeth i'r rhieni. Doedd dim *budget* i recordio, felly i arbed arian fi ganodd yr offerynnau i gyd, arbrawf rown i wedi bod yn awyddus i'w wneud ers sbel, a gyda chymorth Bryn Jones y peiriannydd, cwblhawyd y cyfan mewn un min nos. Cyhoeddwyd y record a chwaraewyd 'Un Seren' ar y radio cwpwl o weithiau, ond chymerodd neb fawr o sylw ohoni y Nadolig hwnnw a dweud y gwir. Ond flwyddyn yn ddiweddarach, doedd dim modd ei hosgoi hi! Cafodd ei chwarae'n ddyddiol, a phawb wedi ffoli.

Beth achosodd y newid? Peidiwch â gofyn i fi, sdim un syniad gyda fi, mwy na alla i ddweud wrthoch chi beth sy'n gwneud un gân yn fwy poblogaidd na chân arall. Y gynulleidfa'n 'tiwno mewn' i deimladau'r cyfansoddwr, falle? Neu'r cyfansoddwr wedi digwydd 'tiwno mewn' i deimladau'r gynulleidfa? Pwy a ŵyr? Beth bynnag, mi drawodd ddeuddeg, ac mae'n dal i daro deuddeg gyda'r gynulleidfa hyd heddi, a phobol yn dweud wrtho i gymaint mae'r gân yn ei feddwl iddyn nhw, a bod y Nadolig yn dechrau'n swyddogol pan fydd 'Un Seren' yn cael ei chwarae ar y radio. Beth alla i ddweud? O'r holl ganeuon dwi wedi'u cyfansoddi, 'Un Seren' yw'r un sydd wedi ennyn yr ymateb mwyaf, a'r cynhesaf. Fe gafodd ei dewis fel hoff garol gwrandawyr Radio Cymru rai blynyddoedd yn ôl. Braint neilltuol, a braint sy'n gwneud i mi deimlo'n ostyngedig iawn, achos dwi wir yn teimlo bod ambell i gân yn cael ei rhoi i gyfansoddwr, a heb os dwi'n teimlo bod 'Un Seren' felly. Fe laniodd hi yn fy nghyrffed fel anrheg Nadolig arbennig.

Os o'n i'n hapus yn fy ngwaith, stori wahanol oedd hi ar lwyfan. Ar ôl i Hergest ddod i ben do'n i ddim yn siŵr i ba gyfeiriad i fynd. O'n i eisiau ffurfio band arall? Na oedd yr ateb i hwnna. Felly, mi benderfynais i fynd ati i berfformio ar fy mhen fy hun. Fy mwriad oedd cynnal nosweithie lle gallen i gynnwys ambell i stori y tu ôl i'r caneuon yn ogystal â'r caneuon eu hunain, a bod 'na hen ganeuon a chaneuon newydd yn rhan o'r arlwy. A wir, fe lwyddais i wneud unwaith neu ddwy, ond 90 y cant o'r amser, man a man 'sen i heb fod ar y llwyfan o gwbwl. Doedd gan y gynulleidfa Gymraeg ar y pryd yr un iot o ddiddordeb yn y gerddoriaeth. Rown nhw ma's am noson o 'joio' a chymdeithasu. Ma' pawb yn sôn pa mor anodd yw perfformio yng nghlybiau gogledd Lloegr, wel credwch chi fi, i berfformiwr unigol roedd cyngherddau Cymraeg y 70au hwyr gwmws yr un fath. Fe ddaliais i ati am ryw flwyddyn a hanner ond fe ddaeth pethau i ben mewn cyngerdd ym Mae Colwyn. Fe ges i fy hun yn edrych ma's ar y gynulleidfa a sylweddoli bod neb yn edrych tuag at y llwyfan, a bod neb wedi cymeradwyo ar ddiwedd y tair cân ddiwethaf. Mi ddes i benderfyniad yn y fan a'r lle a chyhoeddi 'mod i'n rhoi'r gorau i ganu'n unigol ar lwyfan. Cymeradwyaeth! Mmm, wel rhyw ddwsin o bobol. Fe ruthrodd Dafydd Iwan i'r llwyfan i ddiolch i mi am fy nghyfraniad, gan feddwl 'mod i'n rhoi'r gorau i ganu'n llwyr, ond nid dyna oedd fy mwriad. Rown i'n rhoi'r gorau i ganu'n unigol ar lwyfan i gynulleidfa oedd ddim yn gwybod shwt i wrando. Y tro nesa bydden i'n camu i'r llwyfan mi fyddai gyda fi gwmni – a byddai'r gynulleidfa'n fy nghlywed, o bydden – os o'n nhw moyn neu beidio!

6.

Tomi

Tomi aeth i ryfel, Tomi aeth i weled y byd.
Tomi gyda'i filwyr, Tomi sydd yno o hyd.
Tomi, wyt ti'n gweld y bomiau'n chwyrlïo?
Tomi, wyt ti'n gweld dy gyfeillion yn syrthio?
Tomi, wyt ti'n gweld y shrapnel yn torri uwch dy ben?

Tomi, dyro 'Rawhide', Tomi, dyro unrhyw gân.
Tomi, dyro dro fach arall i 'Gaersalem lân'.
Tomi, wyt ti'n gweld eu wynebau nhw'n sylwi?
Tomi, wyt ti'n gweld eu meddyliau nhw'n poeni?
Tomi, wyt ti'n gweld yr ofn sy'n fy llygaid i?

Beth mae dy feddwl di'n dweud wrthym ni?
Tu ôl i'r llygaid.
Beth mae dy feddwl di'n dweud wrthym ni?

'Ma' 'na gitarydd da yn gweithio'n y siop gerddoriaeth ym Mangor,' medde Dafydd Wyn Jones wrtho i yn Recordiau'r Cob rhyw ddiwrnod. A dyna ddechrau'r daith. Draw â fi i gwrdd â Len Jones er mwyn trafod oedd gydag e ddiddordeb mewn bod mewn band. O fewn rhyw hanner awr roedd e, Len 'Arkwright' Jones, wedi gwerthu gitâr drydan, ac amp, i fi, ac rown i'n dlotach o ryw £200 (lot o arian pryd 'ny!) ond rown i hefyd yn gyfoethocach – roedd Len yn awyddus i fod yn rhan o'r fenter, ac fe gynigiodd dri enw arall i mi: gitarydd bas o'r enw Bef Jones, chwaraewr allweddellau o'r enw Gorwel Owen, a drymiwr (a chymeriad!) o'r enw Graham Land.

Reit, roedd gyda fi gitâr drydan ac aelodau i'r band. Y cyfan roedd ei angen yn awr oedd enw, o ie, a chaneuon. Bues i'n pendroni'n hir ynghylch yr enw; do'n i ddim eisiau dim byd oedd yn debyg i Hergest na chwaith enw oddi ar ryw boster fel Ac Eraill neu Mynediad am Ddim – fyddai band o'r enw 'Argraffwyd gan Wasg Carreg Gwalch' ddim yn addas! Yn y diwedd fe ddaeth yr enw wrth i mi gyfansoddi cân newydd, cân am bwnc oedd yn cael lot o sylw ar y pryd, sef ynni niwcliar. Roedd yna gryn drafod yn y gymdeithas ac ar draws y cyfryngau am y defnydd o ynni niwcliar. A ddylid parhau â'r Wylfa? Beth am y damweiniau yn rhai o'r pwerdai fel Three Mile Island? Ac roedd y ffilm *The China Syndrome*, y ffilm am ddamwain ffuglennol mewn gorsaf ynni niwcliar lle'r oedd darnau o'r orsaf yn toddi eu ffordd trwy'r ddaear yr holl ffordd i Tsieina, yn dal i gael ei thrafod. Yr agwedd ar y pryd oedd Niwcliar = Diwedd y Byd, ac o'r fan honno y daeth y syniad am y gân 'Trên Olaf Adref' ac enw'r band, sef Omega. Omega yw'r llythyren ola yn y wyddor Roegaidd, ac mae'n cael ei defnyddio i olygu 'y diwedd'. Mae'n air byr, cofiadwy, ac addas i fand oedd ar fin canu cân am ddiwedd y byd. Ond bu bron i mi newid fy meddwl, achos wrth feddwl am y gair 'Omega', fel mynychwr capel rown i'n gyfarwydd â'r adnod 'Myfi yw'r Alpha a'r Omega', a feddyliais i y bydde fe'n sbort galw'r band yn Ralph a'r Omegas, yn debyg i Derek and the Dominoes. Dwi'n falch o ddweud bod yr eiliad ddwl wedi pasio heibio yn weddol o glou, ac mai Omega oedd yr enw ddewisais i.

Rhyw flwyddyn ar ôl sefydlu'r band dan yr enw Omega, fe gafwyd lot o sbort pan gododd yr hanes yn y cyfryngau (stori wir gyda llaw) bod rhywun o blith tîm rheoli Duran Duran â diddordeb ynon ni, ond dim ond os o'n ni'n fodlon canu yn Saesneg. Doedd dim diddordeb gyda fi yn bersonol mewn dilyn y trywydd yna, ond pe bai e wedi digwydd tybed a fydden i wedi gorfod newid enw'r band i Omega Omega? Fyddwn ni byth yn gwybod.

Fe ddaethon ni at ein gilydd i ddechrau ar ryw nos Fercher mewn hen feudy oedd yn berchen i Bef, ac ar bob nos Fercher wedyn am o leiaf chwe mis fe fuon ni'n ymarfer yn galed a pherffeithio'r caneuon. Fe ymunodd Geraint Davies (Hergest gynt) am gyfnod, i gyfrannu llais a thambwrîn, cyn gadael i ffurfio'r Newyddion. Yng Nghlwb Tanybont yng Nghaernarfon y cynhaliwyd y gìg cyntaf – 'mond tri chwarter awr o set, ond gyda dau *encore* fe lanwon ni'r awr. Roedd Omega wedi glanio, ac roedd y sain yn bwerus, a dwi'n falch o ddweud, roedd y gynulleidfa'n gwrando!! Parhau wnaeth yr ymarfer bob nos Fercher, gan ychwanegu caneuon newydd i'r set. Parhau i wella wnaeth y gigs, ac fe ychwanegon ni sioe oleuadau i'r perfformiad, dan ofal Paul a Bill Templeton. Cynyddodd y gynulleidfa a chynyddodd y diddordeb yn y band, gan esgor ar berfformiadau teledu ar raglenni adloniant fel *Seren Un* a *Seren Dau* a'r *Awr Fawr* a *Twndish* – cyfnod pan oedd gan HTV a'r BBC wir ddiddordeb yn y maes canu cyfoes Cymraeg. (S4C – y'ch chi'n gwrando?) Rown i'n teimlo'n eithriadol o ffodus; o fy nghwmpas roedd offerynwyr llawer iawn gwell na mi, yn berchen ar agwedd gwbwl broffesiynol, a'r awydd i weithio'n wirioneddol galed ar bopeth rown i'n ei daflu tuag atyn nhw. Wrth i'r band ddod yn fwyfwy poblogaidd fe gawson ni gynnig i recordio sengl i Sain, ac ymhen rhyw flwyddyn, record hir. Roedd yna gigs di-ri ar gael, ac fe deithion ni i Gaernarfon, Bae Colwyn, Blaenau Ffestiniog,

Corwen, Llanrwst, Aberystwyth, Aberteifi a chanolfannau ar draws y gorllewin a'r de, ac fe wnaethon ni un trip cwbwl unigryw i ganu yng Nghanolfan yr Urdd yng Nghaerdydd.

Blwyddyn yr eira mawr oedd hi, 1982, ac roedd y de yn hytrach na'r gogledd wedi cael troedfeddi o eira. Roedd Sulwyn Thomas wedi symud i fyw i stiwdio Radio Cymru yn Abertawe er mwyn cadw'r genedl i fynd, ac er mwyn cyrraedd stiwdio Radio Cymru yng Nghaerdydd i ddarlledu yn fyw ar fore dydd Mawrth, roedd rhaid i Gari Williams gerdded ar hyd Ffordd y Gadeirlan, a hynny gyda cheir wedi'u gorchuddio gan eira o dan ei draed! Fe ffoniais i'r ganolfan i weld oedd y gìg yn dal ymlaen. 'Oedd, oedd,' oedd ateb Alan Gwynant. 'Mae pethau lot yn well rŵan, y ffyrdd ar agor a phawb yn edrych ymlaen i'ch croesawu.' Grand, medde fi. Trefnu 'da'r band, ac o ganol heulwen ac awyr las diwrnod clir, oer, ond dieira yn y gogledd, dyma gychwyn am y de, a wir, doedd dim golwg o eira, dim un bluen, a minnau'n dechrau meddwl bod 'na lot o or-ddweud wedi bod ynghylch y sefyllfa nes ein bod ni'n troi i'r dde yn Llanbrynmair, ac o fewn rhyw dair milltir, sgythru i stop. Yno o'n blaen roedd wal chwe throedfedd o eira ac arwydd wedi'i sodro yn ei ganol – *Road Closed*. Rrrrrreit! Doedd yr hen Sulwyn ddim wedi gor-ddweud wedi'r cyfan, ond beth o'n i'n mynd i'w wneud? Y peth call i'w wneud, wrth gwrs, fyddai mynd yn ôl i Lanbrynmair a dod o hyd i'r hewl fawr oedd yn glir o eira a chychwyn lawr o'r fan honno. Nawr ... falle bod fan hyn yn lle da i gyfaddef nad oeddwn i'n rhy wych pan oedd hi'n dod at ffindo'n ffordd o gwmpas Cymru fach. Flynyddoedd ynghynt, a Hergest yn teithio o Fangor i Aberystwyth – fe aethon ni *via* Aberdaron! Ac yn y coleg, a finnau a bois Mynediad am Ddim angen mynd o Aberystwyth i Wrecsam – fe es i â phawb *via* Llangurig! Peidiwch â gofyn! Dwi'n well erbyn hyn – wir. Reit, lle'r own i? O ie, y wal eira. Ie, yn lle bwrw'n ôl a dod o hyd i'r hewl fawr oedd yn glir o eira, be wnaethon ni ond bwrw lawr rhyw hewl serth ddiarffordd i gyfeiriad sai'n gwbod ble, gydag un olwyn ar yr eira a'r llall yn y ffos rewllyd yn ymyl yr hewl. Siwrne, beth weda i ... ddiddorol. Erbyn cyrraedd llawr y dyffryn wedi milltiroedd o deithio mewn eira a rhew, fe gyrhaeddodd yr hen Ffordyn ardal y Drenewydd a hewl glir. Oriau oer yn ddiweddarach fe gyrhaeddon ni Gaerdydd. Gosod yr offer tra bod y disgo'n difyrru, ac yna perfformio. Fe ganon ni am ryw awr a chwarter. Shwt? Sai'n gwbod, achos alla i ddweud yn onest – trwy gydol y set rown i'n dal i grynu oherwydd yr oerfel a'r daith, ac o'n i braidd yn gallu teimlo fy mysedd. 'Autopilot' dwi'n meddwl yw'r term, ond hei, fe lwyddon ni a gafodd pawb noson dda.

Tair blynedd yn unig oedd rhwng yr Alpha a'r Omega i Omega. Mi dderbyniais i swydd newydd yng Nghaerdydd, oedd yn ei gwneud hi'n amhosib i gynnal y band, a datblygu'r band â'r un arddeliad a'r un safon gyda 200 milltir rhwng yr aelodau. Roedd cwpwl o'r bois yn eithriadol o flin gyda fi, a do'n i'n gweld dim bai arnyn nhw, ond dros amser fe ddaethon ni'n gyfeillion unwaith eto, a ni'n dal yn gyfeillion hyd heddi. Mi fydden i wedi bod wrth fy modd yn cynhyrchu ail record, ond falle, yn ddiarwybod, fod yr amser yn iawn i ddod â phethau i ben. Roedd sain bandiau fel Omega bellach yn hen ffasiwn achos roedd *punk* wedi newid pethau. Beth bynnag, cwpla wnaethon ni, ond am dair blynedd fe ges i rannu llwyfan gyda cherddorion heb eu hail, a chael canu mewn band rown i'n falch iawn, iawn ohono.

O ran ein caneuon, mae'n siŵr taw 'Nansi' oedd y gân fwyaf poblogaidd. Hi enillodd Wobr Sgrech am sengl y flwyddyn, hi oedd yn cychwyn y set, a hi oedd yr *encore*. Cân oedd hi a ysbrydolwyd mewn ffordd ryfedd gan Stevie Nicks o Fleetwood Mac (dyw hi ddim yn gwybod hyn rhag ofn eich bod chi'n taro mewn iddi a chychwyn sgwrs!). Roedd gan Ms Nicks gân o'r enw 'Rhiannon', ac roedd hi'n dweud o hyd mai cân am wrach Gymreig oedd hi. Wel! Nid gwrach oedd Rhiannon, ond duwies o'r cynoesoedd a drodd yn gymeriad chwedlonol yn y Mabinogi. Hi oedd duwies y ceffylau o bosib, a dyna pam roedd Pwyll yn methu â'i dal hi! 'Na fe, bach o addysg i chi! Doedd Rhiannon ddim yn wrach, ond mi roedd Nansi, ac roedd sawl gwrach o'r enw Nansi ar hyd a lled y wlad, dwi'n siŵr. Ond rhwng Dinas Mawddwy a Llanymawddwy roedd fy Nansi i yn byw. Sut dwi'n gwybod? Am fod brodor o'r enw Jac Plase wedi dweud wrtho i pan own i'n recordio rhaglen radio yn yr ardal.

Roedd 'na wrachod ar gyrion pob pentref ganrifoedd yn ôl, ac yn rhyfedd iawn roedd gen i hen, hen fodryb o'r enw Bopa Maggie oedd yn byw mewn bwthyn ar ei phen ei hun rhwng Aberdâr ac Aber-nant. Yn ôl fy nhad roedd hanes yn y teulu ei bod hi'n cymysgu moddion naturiol o'r perlysiau ac roedd hi'n fydwraig, ond roedd sawl un yn yr ardal yn meddwl ei bod hi'n wrach. Fel dwi wedi sôn, pan gefais i fy ngeni roedd gen i *cleft palate* ond yr hen enw ar y *cleft* oedd *harelip*, sef gwefus ysgyfarnog, ac roedd y wefus ysgyfarnog yn arwydd o'r diafol. Felly mae'n bosib iawn y bydden i wedi cael f'ystyried yn wrach, ac wedi cael trochfa yn yr afon yn y gadair goch! Jest ar ôl Bopa Maggie a jest cyn Nansi!! Ie, 'Nansi', mae'n siŵr, oedd ffefryn y gynulleidfa, a hynny falle oherwydd solo gwych Len Jones ar y gitâr, ond i mi cân orau Omega oedd 'Tomi'.

Os oeddech chi'n mynychu tafarn y Glôb ym Mangor yn y 70au a'r 80au, yna mae'n dra thebygol eich bod wedi dod ar draws Tomi. Dwi ddim yn gwybod beth oedd ei enw llawn, Tomi oedd e i bawb, ac mi fydde fe'n dod mewn bob nos Sadwrn, yn mynd i lawr ar un ben-glin ac yn canu. Dwy gân oedd gyda fe, yr emyn 'Caersalem Lân' a'r hen gân gowboi 'Rawhide'. Mi fyddai'n derbyn bonllefau o gymeradwyaeth gan fynychwyr y dafarn ar ddiwedd ei berfformiad, er bod yr un ohonon ni'n deall fawr ddim o be wedodd e, mwy na'r geiriau 'Caersalem Lân' a 'Rawhide'. Roedd Tomi'n dioddef o *shell-shock* ers y rhyfel, ac felly heb fod yn ei iawn bwyll ers hynny, ac roedd mynychwyr cyson y Glôb yn gwybod hynny. Ond rhyw noson pan own i'n digwydd bod yno roedd yna griw o fyfyrwyr ifanc newydd yn sefyll wrth y bar pan ddaeth Tomi mewn i ganu, ac mi wnaethon nhw chwerthin am ei ben, ac mi aeth hynny at fy nghalon i. Wrth gerdded adref y cyfan rown i'n gallu meddwl amdano fe oedd Tomi a'r olwg bell oedd yn ei lygaid e, a'r olwg ddifrïol oedd yn llygaid y myfyrwyr ifanc wrth iddyn nhw chwerthin am ei ben, heb ddeall, mae'n siŵr, pam roedd Tomi fel yr oedd.

'Tommy', wrth gwrs, oedd yr enw a ddefnyddiwyd am filwr cyffredin yn y fyddin, felly yn y fan honno roedd y gân yn mynd i ddechrau. Yn fy mhen rown i'n clywed y propaganda a ddefnyddiwyd ar ddechrau'r Rhyfel Byd Cyntaf, cyfle i'r Tommies fynd dramor i weld Ffrainc a dysgu gwers i'r 'Hun' – yr Almaenwr – tra'u bod nhw yno. Yna, 'nôl adref at y Dolig. Yn anffodus i'n Tommy ni, fe ddaeth yn ôl ond heb ei feddwl; fe gollodd hwnnw wrth i fom ffrwydro'n agos iddo, gan ddwyn peth ohono, ond nid y cyfan. A dyna fyrdwn y gytgan: pe bai e'n gallu dweud wrthon ni, ac wrth y myfyrwyr ifanc oedd yn sefyll wrth y bar, am ei brofiadau yn y rhyfel, beth fyddai'n ddweud? Beth oedd e'n gofio? Oedd e eisiau cofio? Dyw'r gân ddim yn trio ateb yr un o'r cwestiynau yna, does dim posib gwneud; yr unig beth sy'n bosib yw gofyn y cwestiwn.

Wrth i Omega ddirwyn i ben fe ddechreuais i ar fy ngyrfa newydd ym myd y teledu, gan ymuno'n gyntaf ag Adran Blant y BBC, lle gefais i weithio ar *Yr Awr Fawr Fach* gyda fy hen gyfeillion Emyr Wyn a Malcolm 'Slim' Williams, cyn symud i'r Adran Adloniant Ysgafn dan arweiniad Ruth Price. Rown i'n nabod Ruth ers ei dyddiau fel cynhyrchydd *Disg a Dawn*, y rhaglen bop a roddodd gyfle i shwt gymaint ohonon ni i berfformio yn ein dyddiau cynnar.

Roedd angen i mi ddysgu sgiliau newydd, sgiliau'r byd teledu, a bues i'n ffodus i wneud hynny drwy weithio ar raglen Hywel Gwynfryn oedd yn cael ei darlledu'n fyw bob prynhawn Sul. Fel allwch chi ddychmygu, roedd hi'n fraint gweithio gyda Hywel, ac roedd yr amrywiaeth eitemau, o sgwrsio gyda gŵr hyna'r byd i hypnoteiddio iâr yn fyw ar y rhaglen, yn golygu bod cyfle i mi ddysgu'r grefft o gynhyrchu a chyfarwyddo yn weddol o gyflym. Ond nid ar raglen Hywel rown i am dreulio 'nghyfnod yn y BBC, rown i eisiau gweithio ar raglenni cerddoriaeth a chomedi, a chware teg i Ruth Price, fe gefais i gyfle i wneud. Fe ddechreuais gyda chyfres o'r enw *Edrych trwy y camerâu*, cyfres oedd yn rhoi sylw i'r cyfansoddwyr y tu ôl i'r caneuon ac yn rhoi cyfle i'r gynulleidfa ddod i adnabod y person yn ogystal â'r gân. Fe roies i sylw i'r drindod Linda Griffiths, Myrddin ap Dafydd a Geraint Løvgreen, ac i ddwy set o frodyr – Tecwyn Ifan ac Euros Rhys, a'r diweddar Richard a Wyn Jones, Ail Symudiad. Mi gefais i gyfle hefyd i gynhyrchu *Cân i Gymru* a theithio gyda'r caneuon buddugol i'r Ŵyl Ban Geltaidd draw yng Nghilarni, lle daeth Emyr Wyn a minnau ar draws band ardderchog o'r enw Capercaillie, a chantores hyfryd o'r enw Mairi MacInnes. Fe wnes i ei gwahodd hi draw i Gymru sawl gwaith i ganu, ac fe ganodd gyda Chôr Meibion Llangwm rai blynyddoedd yn ddiweddarach. Ac wrth sôn am *Cân i Gymru*, mae'n rhaid imi sôn am y profiad arbennig iawn ges i wrth gynhyrchu'r rhaglen honno un flwyddyn.

Fel sy'n arferol, fe hysbysebwyd y gystadleuaeth cyn y Nadolig er mwyn i'r caneuon lifo i mewn erbyn dechrau'r flwyddyn. Roedd popeth yn barod o ran y trefniadau, y stiwdio wedi'i chadarnhau, y band wedi'i gadarnhau, a dau o gantorion gorau'r wlad, Caryl a Geraint Griffiths, wedi'u cadarnhau ac yn barod i ganu'r caneuon. Ond ... roedd problem: roedd y dyddiad cau wedi mynd heibio ers y dydd Gwener cynt a doedd yr un gân o wir werth wedi cyrraedd; rown i'n teimlo'n hollol ddigalon. Yna, ar y bore Llun fe gyrhaeddodd amlen arall, ac er ei bod hi'n rhy hwyr i'r gystadleuaeth fe agorais i hi, tynnu'r casét ohoni a'i roi yn y peiriant, a gwrando. O fewn rhyw 20 eiliad diflannodd fy nigalondid wrth i mi wrando ar y gân. Roedd hon ben ac ysgwydd uwchlaw unrhyw beth arall oedd wedi cyrraedd, ond ... roedd y dyddiad cau wedi bod! Beth o'n i'n mynd i'w wneud? Doedd dim modd i mi gynnwys y gân yn y gystadleuaeth, roedd hi'n rhy hwyr yn cyrraedd. Ond yna ... tybed? ... Fe godais y ffôn a holi'r adran bost o fewn y BBC yng Nghaerdydd pryd gyrhaeddodd y casét. Roedd yr adran bost draw yn y prif adeilad yn Llandaf, ac roedd fy swyddfa i draw ar ochr arall y dref yn y Gabalfa. Tybed oedd yr amlen wedi bod ...? Na, 'sbosib? ... Doedd dim angen aros yn rhy hir; atebwyd fy ngalwad, ac fe gadarnhaodd y llais ar ochr arall y ffôn bod fy mhost i wedi bod yn yr adran ers y dydd Gwener cynt, sef y diwrnod cau. Roedd y gân yn cael bod yn rhan o'r gystadleuaeth. Roies i'r ffôn i lawr, a gyda gwên fawr ar fy wyneb aildanio'r peiriant casét, a gwrando eto ar y llais yn fy nghyfarch o'r peiriant – 'Wel shwd mae, yr hen ffrind? Mae'n dda cael dy weld di gytre fel hyn'. Fe ruthrais i lawr y coridor i ddweud wrth Ruth Price bod Cân i Gymru 1984 wedi cyrraedd. Diolch, Mr Chiswell! La la la la lâ ...

A diolch hefyd i BBC Cymru am ddarparu piano ar ben draw'r coridor, ac am roi'r cyfle i mi gydweithio unwaith yn rhagor gyda fy nghyfaill lliwgar Cefin Roberts, a'i grŵp Hapnod. Paratoi rhaglen Nadolig oedden ni – *Hapnadolig Llawen*. Roedd y sgetsys a'r caneuon yn barod ond yna fe benderfynwyd bod angen cân arall. Drannoeth, wele ddarn o bapur a geiriau arno fe. ''Co' ti,' medde Cefin yn ei acen ddeheuol Norah Isaacaidd orau, 'geirie.' Felly bant â fi lawr y coridor at y piano. Darllenais. Rhyfeddais. Ar y pishyn papur o 'mlaen roedd geiriau 'Alaw Mair', carol angerddol, wahanol, gyda llinell annisgwyl a pherffaith yn cloi'r gân. Mae'r crwt yn *genius*, meddyliais. Mi es i ati i weithio alaw i Mair, gan greu, gobeithio, ryw fath o hwiangerdd gyfoes, gan gadw mewn cof bod y gân i gyd yn anelu at y llinell olaf. Fe recordion ni'r gân i'r rhaglen, ac ymhen rhyw flwyddyn neu ddwy fe recordiais i fy fersiwn fy hun ohoni ar record Nadolig amrywiol, dwy fersiwn ddigon derbyniol; ond wedyn fe'i canwyd a'i recordio gan Gôr Glanaethwy, ac fe ddaeth 'Alaw Mair' yn fyw.

Os mai byw oedd hanes 'Alaw Mair', yn anffodus marw oedd hanes yr Adran Adloniant Ysgafn yn y BBC. Roedd Ruth Price yn gadael, ac roedd y rhan fwyaf o'r cynhyrchwyr oedd yno erbyn hyn yn gwneud y nesa peth i ddim. Roedd yr adran oedd wedi cyfrannu cymaint, rhaglenni Ryan a Ronnie, comedïau

Rhydderch Jones a Gwenlyn Parry, *Fo a Fe* a *Hafod Henri* ac eraill, wedi cyrraedd pen y daith. Cael ei llyncu gan yr Adran Ddrama oedd y bwriad. Rown i ar y pryd yn gweithio ar ryw fath o 'Comedy Playhouse', tair comedi o fewn un awr, un yn syth ar ôl y llall, gan dair set o awduron gwahanol – arbrawf gydag ysgrifenwyr ac actorion newydd. Roedd yr ymateb yn amrywiol a diddorol, ond pan ddwedwyd wrtho i bod y gomedi rown i'n awyddus i'w datblygu yn 'rhy ddosbarth gweithiol' rown i'n gwybod ei bod hi'n bryd symud ymlaen. Ac erbyn Hydref 1985 rown i wedi ffarwelio â'r BBC, ac yn dod i adnabod yr A470 yn dda iawn wrth deithio'n wythnosol o Gaerdydd i Gaernarfon at gwmni teledu Tir Glas.

Fy mrawd Gwynfor a mi. Fi yw'r un yn y ffrog!

Fi ma's y bac

Fy nhad yn ei lifrai RAF

Mam

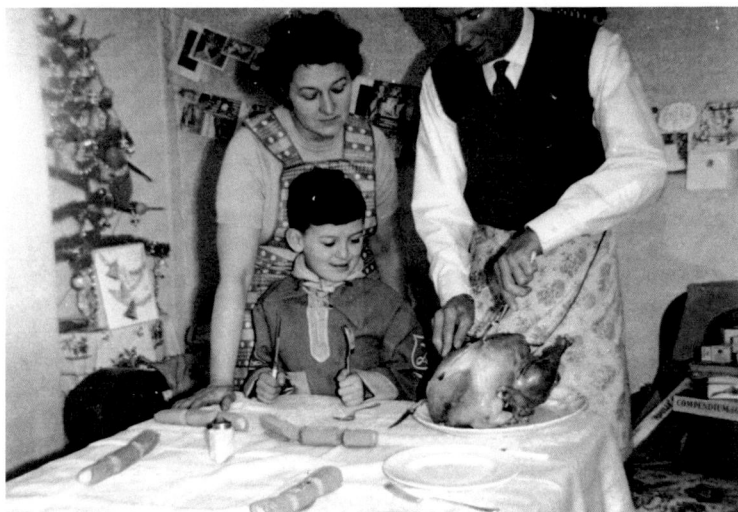

Dydd Dolig, a fi yng ngwisg y 7fed Cafalri

Mam-gu a Dat-cu ar y Dram Road

Y dosbarth, Ysgol Ynyslwyd, gyda'r Prifathro Idwal Rees,
sawl môr-leidr, ac yn ail o'r chwith yn y blaen ... aaaah! Rhian Jones

Y teulu o flaen y tŷ lojin ym Mhorthcawl.
Bopa Rene, Dat-cu, Owa Wil Harries, Mam-gu, Mam a Bopa Bet,
Max, Gwynfor, a mi yn y blaen

Y Phurnacite uffernol! Adferwch y Cymoedd!

D'Elton Siôn. Wel, alla i freuddwydio!

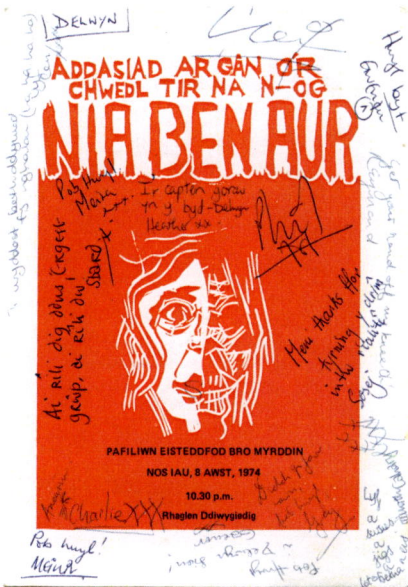

Rhaglen sioe Nia Ben Aur

Diwrnod priodas
Ann a minnau

*Dau hipi
Califfornaidd!*

*Ar y Sgwâr Coch ym
Moscow gyda'r
siaced ledr ddu!*

Cefin Roberts a Sioned Mair yn y rhaglen Traed yn Rhydd

Sawl Seren???

Hergest yn Sain y Saithdegau
gyda John a Charlie wrth gwrs, a Hefin Elis, yr aelod answyddogol

Ffrindiau Bore Oes ar draeth y Borth, Haf '76

Clawr Omega, campwaith Charlie Britton

Y Band: Len, La, fi, Gorwel a Bef

Elinor Jones, Fflur a Roy Noble yn agoriad Bobath Cymru

"Syrthio mewn cariad drachefn"

Harry Secombe, Roy Noble a'r criw ym Majorca

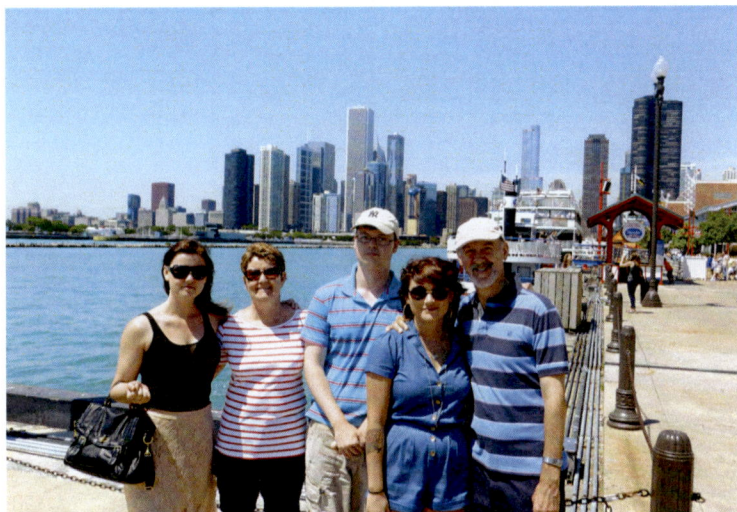

Y teulu yn Chicago. Jiw, gwmws fel Porthcawl!

7.

Ma' Lleucu Llwyd 'di Priodi

O! Ma' Lleucu Llwyd 'di priodi, o do, wir i chi,
Ond mae'n dal i gofio'n arw at bob un ohonom ni,
Dal i gofio'r hen wynebau a'r gweithredu a fu,
Hen, hen hiraethu a dyna i gyd.

O rwy'n cofio cwrdd â hi,
Sgwâr Caerfyrddin yn yr oriau mân,
Yn '66 roedd y sgwâr ar dân
Pan gododd Gwynfor ei law mewn buddugoliaeth.
Torsythodd cenedl y Cymry i gyd,
Cenedl a fu yn ei chwman cyhyd,
Ac yno'n crio dagrau o lawenydd roedd Lleucu Llwyd.
Ond nawr ma' Lleucu Llwyd 'di priodi ...

Be' ddigwyddodd i Lleucu?
Be' ddigwyddodd iddi hi?
Wrth suddo i'w swbwrbia saff i guddio rhag y byd.
Be' ddigwyddodd i Lleucu?
Be' ddigwyddodd i ni i gyd?
A gollon ni ffydd ar y ffordd yn rhywle
Pan laniodd y gyllell eto'n y cefn?
A gollon ni wefr a gweledigaeth y freuddwyd gynnar
Yn nhiriogaeth ddyrys y drefn?
Pwy a ŵyr, Lleucu, pwy a ŵyr?
O ma' Lleucu Llwyd 'di priodi ...

A dwi'n cofio cwrdd â hi,
Ar Fawrth y cyntaf yn '79
Yng nghanol y ddinas, yng nghanol y glaw,
Ac eco gwag y 'Na' yn tasgu'n y strydoedd.
Y mud ddall wleidyddion ailosododd eu trefn
A'r Cymry a drodd yn daeogion drachefn,
Ac yno'n crio dagrau o dristwch roedd Lleucu Llwyd.
A nawr ma' Lleucu Llwyd 'di priodi ...

Blynyddoedd o gyfeillgarwch, o deithio ac o ddysgu fy nghrefft oedd blynyddoedd Tir Glas. Wrth ymuno â'r criw fe ailafaelais yn fy nghyfeillgarwch â Huw Jones ac Ifan Roberts, a dod o hyd i gyfaill newydd, y doniol a'r difyr Dafydd Arthur. Gwneud y trefniadau ar gyfer y rhaglenni roedd Daf a chadw golwg ar y cyllidebau yng nghwmni, ac o dan lygad barcud, Jean H. Owen, a buon ni'n cydweithio'n dda am flynyddoedd. Dysgais i lawer am gymeriadau Caernarfon yn ei gwmni a chael rhannu cwmnïaeth ei dafarn leol, y Twthill Vaults, ond mae un diwrnod ac un digwyddiad yn aros yn y cof yn fwy na'r lleill.

Rown ni ar y ffordd i Rydychen yn ei Golf GTI, car oedd fel arfer yn mynd yn gynt na'r gwynt, ond ar y diwrnod arbennig yma roedd y ddau ohonon ni'n trafod record newydd ein hoff fand, U2. Roedd y trafod yn ddwys a difrifol, a heb sylweddoli roedd Daf wedi arafu, ac arafu. Arafu shwt gymaint nes aeth Robin Reliant *three-wheeler* heibio i ni! Rown i yn fy nyblau yn chwerthin pan drodd Daf ata i gyda'i lygaid ar agor led y pen a bytheirio dweud, 'Dim gair, Delwyn Siôn, dim un f**!!* gair!' O fewn eiliadau roedd y GTI wedi taro wyth deg milltir yr awr, gan basio mor agos ag oedd yn bosib i'r Robin Reliant bach nes bo' hwnnw'n ysgwyd yn ddireol ar hyd yr heol! Ie, y diweddar, ysywaeth, Dafydd Arthur, cymeriad a chyd-weithiwr gwerthfawr rown i'n falch o'i alw'n gyfaill da.

Fe welais i gryn dipyn o'r wlad wrth ganu gyda Hergest a Mynediad, ond wrth weithio ar y rhaglen *Noson Lawen* i Dir Glas fe es i i lefydd do'n i ddim yn gwybod am eu bodolaeth. Bues i mewn Land Rover gydag Ifan Gruffydd o Fynydd Gelli Wastad ger Abertawe i ... wel, rhywle yn y canolbarth, ac ar hyd heolydd dwi wedi methu dod o hyd iddyn nhw ers hynny. Fe ddes i ar draws heolydd newydd a thalent newydd wrth weithio ar y gyfres, talent fel rhyw fachan o Bant-glas o'r enw Bryn Terfel a'i gyfaill John Eifion, er enghraifft. Yna ar y rhaglen gerddoriaeth amrywiol *Taro Tant* fe ges i'r fraint o glywed 'Hawl i Fyw' Dafydd Iwan am y tro cynta. Ar *Taro Tant* hefyd fe ges i gyfle i greu fideos cerddorol ar leoliad gyda sawl artist. Geraint Griffiths fel môr-leidr oedd un o fy ffefrynnau, yn ogystal â Bryn Fôn ym Mangor Uchaf, a fideo o Leah Owen, brenhines ein cerdd dant, at ei cheseiliau mewn bybls yn y bath!

Mewn canolfannau hamdden, ffatrïoedd gwag ac ysguboriau fferm y bues i'n treulio lot fawr o f'amser yn ystod fy mlynyddoedd cyntaf gyda Thir Glas, am mai yn y mannau amrywiol hynny rown i'n recordio'r rhaglenni. Ond yna fe ddaeth newid byd pan adeiladwyd stiwdio Barcud ar Stad Cibyn yng Nghaernarfon, eiliad falch i bawb oedd yn gweithio yn y sector annibynnol yn y gogledd, ac mae'n loes calon i mi hyd heddiw bod y stiwdio wych honno bellach yn ganolfan ddringo. Fe brofodd y sector annibynnol ei fod yn gallu cynhyrchu rhaglenni llawn cystal â hen bwerdai y BBC ac HTV, ac o fewn dim fe lwyddon ni i gael Eisteddfod yr Urdd a Chân i Gymru o dan ein hadain. Alla i ddim cofio'r holl raglenni gyfarwyddais i yn ystod y cyfnod ond mae cwpwl yn dal yn y cof, am eu bod nhw'n ffefrynnau personol i mi, siŵr o fod. *Dic Preifat*, er enghraifft, cyfres oedd wedi'i seilio ar sioe lwyfan gan Mei Jones ac Eilir Jones ond wedi'i haddasu'n rhaglen arloesol i blant, gydag Eilir fel Dic, y ditectif anobeithiol, a Mei fel Mrs Gwychbeth Papadopolos, cymeriad fyddai'n cyfoethogi unrhyw gynhyrchiad doniol – o deledu i banto. Dros y top? Dim o'r fath beth!! A sôn am dros y top, wel, pwy allai anghofio Tomi a'i fam, Ifan Gruffydd a Gillian Elisa Thomas? Dwi ddim yn amau imi dreulio cymaint o amser gydag Ifan ag oedd Ifan yn ei dreulio gyda'i ddefaid yn ystod y cyfnod hwnnw. Fe gydweithion ni ar sawl cyfres o *Ma' Ifan 'Ma*, ac yna ar y gyfres eithriadol o boblogaidd a sgrifennwyd gan Ifan ac Euros Lewis – *Nyth Cacwn*, cyfres gomedi oedd wedi'i gwreiddio'n ddwfn yn nhir sir Aberteifi os buodd un erioed.

Ers dechrau fy ngyrfa deledu rown i wedi dyheu am wneud comedi sefyllfa, a bues i'n ddigon ffodus i weithio ar gyfres gomedi o stabal Adran Gomedi'r BBC yn Llundain tra rown i'n gweithio yn yr Adran Adloniant Ysgafn yng Nghaerdydd. Comedi o'r enw *The Front Line* oedd hon, cyfres flaengar am ddau frawd du eu croen, un yn rastaffariad cyfoes ifanc llawn barn ac agwedd (Alan Igbon) a'r llall yn hyfforddi i fod yn blismon (Paul Barber – aeth ymlaen i actio Denzil yn y gyfres boblogaidd *Only Fools and Horses*). Dim ond chwe phennod a gafwyd, ac er bod potensial anhygoel i'r gyfres roedd yna wendid sylfaenol yn y ffaith mai dim ond ar y sgrin roedd y bobol ddu. Dyn gwyn oedd yr awdur, dynion gwyn oedd y cynhyrchwyr a'r golygyddion, a dynion gwyn oedd y tu ôl i'r camerâu hefyd, rhywbeth roedd y naill actor a'r llall yn ymwybodol iawn ohono. Roedd siarad gydag Alan a Paul yn agoriad llygad, rown nhw'n profi bywyd cwbl wahanol i mi. Fe ddysgais am agwedd drahaus pobol wyn tuag atyn nhw, ac agwedd yr heddlu'n arbennig, a chyn lleied o gyfle oedd ar y pryd i actorion du eu croen. Ond yn ogystal â 'mod innau'n rhannu eu profiad nhw, roedd y ddau â diddordeb mewn dysgu am ddiwylliant y Cymry, ac wedi'u syfrdanu wrth i mi ddweud wrthyn nhw fy mod i wedi derbyn addysg drwy'r Gymraeg, ac yn siarad Cymraeg fel iaith gyntaf; roedd y ddau wedi meddwl mai acen leol oedd y Gymraeg ac nid iaith. Do, fe ddangosodd y ddau actor du ddiddordeb, yn wahanol i weddill y criw a ddaeth i lawr o Lundain, oedd heb yr un iot o ddiddordeb yn niwylliant y ddau actor, nac yn ein hiaith a'n diwylliant ni. Roedden nhw'n byw mewn byd ar wahân, ond byd oedd ar fin newid.

Beth bynnag, wrth weithio ar *The Front Line* mi ddysgais i'r grefft o recordio comedi o flaen cynulleidfa fyw, ac o'r diwedd gyda'r cacwn yn y nyth yn sir Aberteifi fe ges i gyfle i wireddu fy nyhead, sef cyfarwyddo cyfres gomedi, a joio ma's draw. Rown i'n ffodus yn fy nghast, cofiwch, cast oedd yn adnabod eu hardal a'r cymeriadau rown nhw'n eu portreadu: Ifan Gruffydd fel Wiliam y gwas newydd, ochr yn ochr ag Einon yr hen was a bortreadwyd mor wych gan y cyn-brifathro a drodd yn actor, sef John Phillips; y ddi-fai Gwyneth Hopkins fel Delyth, y *love interest*; Dafydd Aeron fel y clwtyn llawr o glerc banc, Henry, a Grett Jenkins fel y fam â'r dafod finiog! Comedi draddodiadol, hen ffasiwn falle, ond comedi oedd yn ateb galw'r gynulleidfa, a chomedi sydd wedi aros yn hir yn y cof, ac wedi cynnal ei phoblogrwydd, fel y profwyd yn Eisteddfod Tregaron gyda'r sioe lwyfan *Nyth Cacwn* yn gwerthu ma's o fewn oriau. Fe ddysgais i dipyn am fywyd cefn gwlad wrth weithio ar y gyfres, ond man a man i mi gyfaddef, dwi dal ddim yn gwybod y gwahaniaeth rhwng un Ffyrgi fach a'r llall – sori, Ifan!

Recordiwyd y gyfres ar fferm uwchben Aberystwyth ac mewn sied yng Nghaernarfon, ac yn yr un sied fe ailgyneuwyd perthynas waith gyda fy nghyfaill Cefin Roberts. Roedd rhyw ddeng mlynedd wedi mynd heibio ers inni gydweithio ar y radio a gyda Hapnod, ond nawr fe ddaeth yna gyfle i gydweithio ar gyfres fyddai'n arddangos amryw dalentau Cefin. Mi fyddai canu'n amlwg yn rhan o'r arlwy, a sgetsys, ond fe gafwyd hefyd fonologau wedi'u seilio ar gymeriadau roedd Cefin a mi'n eu hadnabod yn dda, cymeriadau oedd yn drwm dan ddylanwad yr eisteddfodau lleol a'r capel a'r siop gornel. Er bod 'na ddau gan milltir rhwng Dyffryn Nantlle a Chwm Cynon roedd 'na bethau oedd yn gwbwl gyffredin i'r ddau ohonom, ac yn rhyfedd falle, un o'r rheiny oedd ein cariad at ffilmiau Hollywood o'r pumdegau. Dyma'r ffilmiau rown i'n eu gwylio gyda Mam a 'Nhad ar brynhawn dydd Sul, *musicals* Gene Kelly, Fred Astaire a Ginger Rogers a diddanwyr y cyfnod, oedd yn cynnwys arwr i ni'n dau, Danny Kaye. A dyna'r holl gynhwysion a greodd ddwy gyfres o'r enw *Cefin*, ac a arweiniodd at gyfres ddawns o'r enw *Traed yn Rhydd*. Cefin a Sioned Mair (Sidan ac Injaroc gynt) oedd sêr y gyfres, gyda chriw o ddawnswyr yn gefn iddyn nhw, a pherfformiadau gan gwmni dawns Diversions. *Strictly Come Dancing – eat your heart out!* Dwi ddim yn meddwl imi weithio mor galed erioed, na chwaith gael gymaint o bleser wrth baratoi a recordio cyfres. Fe orffennon ni'r recordio ar nos Iau yn Llandudno, ac erbyn nos Wener rown i ym Mharis!

Y tro diwethaf fues i yno rown i ar fy mis mêl, blwyddyn union ar ôl i Ann a mi briodi. Doedd dim digon o arian gyda ni i fynd dramor yn syth ar ôl priodi, felly fe aethon ni i grwydro i Solfach, ac yna i Bantycelyn a Rhydcymerau, gyda'r bwriad o ymweld â chartrefi'r Pêr Ganiedydd a D. J. Williams, ond methon ni ddod o hyd i'r naill na'r llall! Ac ar ben hynny, fe arllwysodd hi'r glaw trwy'r wythnos tra'n bod ni draw yn y gorllewin, felly fe anelon ni drwyn y car tua'r dwyrain ac i Aberdâr, lle ... wnaeth hi arllwys y glaw am wythnos arall!! Ta waeth, ymhen y flwyddyn fe aethon ni dramor, am benwythnos hir i Baris, gan aros yn ymyl Montmartre mewn hen westy traddodiadol (hynny yw, rhad!), byw ar Croque Monsieur a chrempog o stondinau'r stryd, ymweld â Notre Dame a'r Sacré-Cœur, gweld y Mona Lisa (jiw, mae'n fach!), a cherdded am filltiroedd ar hyd y Seine. Amser bendigedig. Felly, pan dderbyniais y gwahoddiad i fynd i ganu i Gymdeithas Gymraeg Paris, er mor flinedig yr oeddwn i yn cwpla *Traed yn Rhydd*, doedd dim byd yn mynd i f'arbed rhag ailymweld â'r ddinas hudolus honno, yn arbennig gan fod y gymdeithas wedi trefnu i mi ac Ann hedfan yno ac aros mewn gwesty bach traddodiadol (ie ... rhad) ar lan orllewinol y Seine. Wedi cyrraedd y gwesty fe ddechreuais i sgwrsio gyda'r perchennog a chael gwybod ei fod o dras Gymreig, ac yn fwy na hynny, bod ei dad-cu a'i fam-gu wedi bod yn rhedeg tafarn 'nôl yng Nghymru, tafarn o'r enw'r Llew Gwyn. Ble'r oedd y dafarn, gofynnais. Yr ateb? Gyferbyn â gatiau Parc Aberdâr. Ie wir, rhyfedd o fyd!

Ond ddim mor rhyfedd â noson y cyngerdd ei hun. Yn dilyn pryd o fwyd hwyr mewn rhyw dafarn yn ymyl y gwesty, fe fues i yn fy ngwely trwy gydol y diwrnod canlynol – gwenwyn bwyd a blinder, mae'n debyg, oedd ar fai. Ond rown i'n ddigon da erbyn min nos, a bant â fi i ganu i Gymry Paris. Aeth popeth yn grand, tri chwarter awr o ganu a chymeradwyaeth gynnes ar y diwedd. Yn grand, hynny yw, nes imi fynd at y bar i ôl diod a chael fy nghyhuddo gan un o'r gynulleidfa o fod yn 'communist, anarchist and a terrorist! You and that David Iwan fella!' Yn rhyfedd iawn, wedi i mi ddiolch iddo roedd e hyd yn oed yn fwy blin! 'Na fe, pawb at y peth y bo, yntefe? Dyn busnes o dras Gymreig oedd y gŵr hynaws wrth y bar, wedi'i fagu yng Nghanada ac un o wledydd Affrica, a bellach yn byw ym Mharis, heb air o Gymraeg na Ffrangeg. Mmm, ond hei, wnaeth e 'nghymharu fi â Dafydd Iwan, felly doedd e ddim yn ddrwg i gyd! Tybed yw e yno o hyd?

Diolch byth, doedd pawb ddim o'r un anian, a thrannoeth y cyngerdd fe gafodd Ann a mi wahoddiad i ginio yn nhŷ perthynas i'r hynaws Athro R. Geraint Gruffydd, pennaeth yr Adran Gymraeg yn Aberystwyth yn y 70au, gŵr addfwyn, gŵr roedd gen i barch mawr tuag ato, ac atgofion arbennig ohono'n darlithio. Mi fyddai'n eistedd ar erchwyn ei ddesg gyda'i draed yn siglo'n rhydd, a byddai'n darllen, neu'n amlach na pheidio, gyda'i lygaid ar gau, yn llefaru darnau o waith ein beirdd cynnar. Dwi'n gallu ei weld a'i glywed e nawr. Profiad cwbl, cwbl hudolus. Lle'r o'n i, gwedwch, o ie ... 'Nôl ym Mharis, fe gawson ni bryd o fwyd bendigedig, a bu sgwrsio a thrafod, a chân neu ddwy, cyn bod rhaid i'r 'comiwnydd o anarchydd terfysgol' fwrw am y maes awyr a ffarwelio â Pharis.

Wedi tair blynedd o *Ribidires* ar y radio, bach o *Hapnod* gyda'r BBC a thair cyfres adloniant ar S4C, roedd perthynas waith Cefin a finne ar fin dod i ben. Ond roedd un rhaglen fach eto i ddod i roi clo ar y cwbl. Wrthi'n gweithio ar raglen *Taro Tant* ar gyfer y Nadolig oeddwn i, ac fe gyfansoddais i gân fach hapus-drist am ddoli glwt ar noswyl Nadolig. Wrth ei recordio yn y stiwdio dyma Huw Aled, un o'r peirianwyr, yn dweud, 'Dylet ti neud rhaglen gyfan o ganeuon fel 'na' – ie, ie, medde fi, heb feddwl dim mwy amdano. Ond fe arhosodd y syniad yn fy mhen am ryw dair blynedd, cyn tyfu'n gyfres o ganeuon a stori o ryw fath ar gyfer rhaglen blant o'r enw *Nadolig yng Nghwm Rhyd-y-Chwadods*. Am ryw reswm, a hyd y dydd heddiw, alla i ddim dweud pam wnes i benderfynu cymryd rhan yn y rhaglen a pherfformio'r caneuon fy hun. Do'n i erioed wedi gwneud dim byd tebyg o'r blaen. Rown i wedi perfformio ar lwyfannau ers degawdau, oeddwn, ond actio?? Beth ddaeth dros fy mhen? Beth bynnag, dyna fu. Roedd y cast amrywiol yn cynnwys – fi, yn gwisgo cot Mr Pastry (faint ohonoch chi sy'n ei gofio fe?); tri dawnsiwr proffesiynol, Dylan a June Davies a Pebs Jones; yr artist meim Frank Rozelaar-Green, a'r actores a'r ddigrifwraig Mari Gwilym (gafodd ganu am y tro cyntaf erioed) fel y Ddoli Glwt; plant o ysgol gynradd Peblig; Cefin Roberts fel Siôn Corn, ac yn dynn wrth gwt Cefin, criw o blant yn actio a chanu fel gweithwyr Siôn Corn, criw o blant o ryw ysgol gerdd roedd Cefin a Rhian ei wraig newydd ei ffurfio, Ysgol Glanaethwy. Hwn oedd eu perfformiad cyntaf, ond sdim angen dweud, nid yr olaf.

Cafwyd ymateb ardderchog i'r rhaglen. Fe gawson ni yn agos i gan mil o wylwyr, a chyrraedd rhif dau yn siart y deg uchaf o raglenni Cymraeg yr ŵyl – y tu ôl i raglen Nadolig Bryn Terfel. Rown i'n ffyddiog y bydden i'n cael gwneud un arall, ac yn fy mhen fe gynlluniais yr un nesaf. Ond yn ôl y pwerau yn S4C ar y pryd 'lwc pur' oedd y fath ffigurau gwylio, a doedden nhw ddim yn mynd i gomisiynu rhaglen arall. Mae'n rhaid imi gyfaddef, fe gefais i dipyn o siom. Ond ddim cymaint o siom ag a gefais i a llawer un arall pan gollon ni'r cyfle ar Fawrth y 1af, 1979 i hawlio rhywfaint o annibyniaeth i'n gwlad, sefyllfa gafodd ei thrawsnewid ar y 19eg o Fedi, 1997, diolch byth. Beth bynnag, gyda siom y canlyniad yn '79 y dechreuodd hanes y gân 'Ma' Lleucu Llwyd 'di Priodi', hynny ac ymweliad â Recordiau'r Cob, Porthmadog.

Pe bawn i'n Dafydd Iwan, yna byddai cyfansoddi cân am siom '79 wedi bod yn rhwydd am wn i. Ond dwi ddim yn Dafydd Iwan, nac yn berson gwirioneddol wleidyddol a dweud y gwir, ond rown i wir am osod fy nheimladau ar feinyl yn yr achos yma. Ond shwt rown i'n mynd i wneud hynny? Wel, fe ddaeth y Tebot Piws, Buddy Holly, Adam Faith a Recordiau'r Cob i'r adwy.

Ers blynyddoedd coleg, os oeddwn i yn y gogledd yna byddai'n rhaid galw yn Recordiau'r Cob i weld pa fargeinion ail-law oedd ar gael, a dyna lle'r own i rhyw brynhawn, yn byseddu'r cannoedd o recordiau oedd wedi'u gosod yn eu rhesi taclus pan ddes i ar draws *Buddy Holly's Greatest Hits Volume 2*, ac ymhlith y caneuon yn y casgliad hwn roedd 'na gân o'r enw 'Peggy Sue got Married', cân gwbwl anghyfarwydd i mi. Rown i'n hen gyfarwydd â'r gân 'Peggy Sue', wrth gwrs; roedd copi o'r record gyda fy mrawd, a gyda brodyr a chwiorydd hŷn fy nghyfeillion yn yr ysgol, mae'n rhaid, achos mi fyddai'n criw ni yn y chweched dosbarth yn Rhydfelen yn ei chanu'n aml. Cyn-gariad i Buddy Holly oedd Peggy Sue, ond roedd pawb o'n criw ni yn ei hystyried yn gariad iddyn nhw wrth ganu'r gân. Dechreuodd y celloedd bach llwyd (chwedl Hercule Poirot) droi. Pe bai Peggy Sue wedi bod yn Gymraes, pwy fyddai hi! I mi, roedd yr ateb yn syml – Lleucu Llwyd – gwrthrych cân serch hyfryd y Tebot Piws, a digwydd bod, y record Gymraeg gyntaf i mi ei phrynu. Tybed oedd Lleucu, fel Peggy Sue, yn briod erbyn hyn? Beth oedd ei hanes? Beth fyddai ei hymateb wedi bod i ganlyniad y Refferendwm? Oedd hi wedi bod yn rhan o'r ymgyrch? Roedd hi wedi bod yn rhan o frwydr yr iaith, siŵr o fod, ond ble'r oedd hi nawr? Wrth i'r cwestiynau hyn droi yn fy mhen fe sylweddolais fod gen i fachyn i hongian fy siom arno, neu'n gywirach 'arni'. Os dilynodd Buddy Holly hanes go iawn Peggy Sue, mi benderfynais i ddilyn hanes dychmygol Lleucu Llwyd – o Gaerfyrddin a gorfoledd '66 i Gaerdydd a diffyg ffydd '79. A gan mai teitl cân Buddy Holly daniodd yr awen, fe benderfynais dalu teyrnged iddo wrth alw'r gân 'Ma' Lleucu Llwyd 'di Priodi', a hefyd ddefnyddio ffidil *pizzicato* ar ddechrau'r gân, yn atsain o'i arddull e. Nid fi fyddai'r cyntaf i gopïo'r arddull yma; fe ddefnyddiodd y canwr Adam Faith yr un arddull yn y 60au, ar gân o'r enw 'What do you want?', a gan mai dyna'r union gwestiwn gafodd ei ofyn i'r genedl yn '79, fe ddefnyddiais i'r frawddeg gerddorol *pizzicato* o'r gân yna ar ddechrau cân Lleucu, jest cyn canu llinell o gân y Tebot – 'O rwy'n cofio cwrdd â hi'. A dyna sut wnaeth y Tebot Piws, Recordiau'r Cob, Adam Faith a Buddy Holly ddod i'r adwy, a 'nghynorthwyo i gyfansoddi cân am y ffaith fy mod i'n siomedig iawn wedi 'Na' y Refferendwm, a bod Lleucu Llwyd wedi priodi.

8.

Mwgyn a Mwffler a Mynyffarni

Ishws bu 'na ddyddie o lawenydd,
Ishws bu 'na ddyddie dan lach,
Ishws bu 'na ddyddie o gynnal diwygiad
Neu gwydriad o'r cwrw melyn bach,

Gyda mwgyn a mwffler a mynyffarni,
A'r dewrder i chwerthin mewn cyni.
Cyfoeth y cwm mewn caledi.
Y galon gynnes dan ddaear ddu.

Machlud ar fachlud ar do ar ôl to
A waniodd y gwythienne o dân.
Ond cof am y colier fydd yno'i byth,
A byth byddo'n rhan o fy nghân.

Gyda mwgyn a mwffler a mynyffarni ...

Os o'n i'n teithio ar hyd a lled Cymru gyda fy ngwaith, rown i hefyd yn teithio ar hyd a lled y byd wrth fynd ar fy ngwyliau. I Sbaen gyda chriw o ffrindiau i dorheulo, a gweld rhyfeddod yr Alhambra, cyn croesi ar gwch gweithwyr i ogledd Affrica, cwch yn llawn o Arabiaid yn eu gwisgoedd traddodiadol ynghyd â'u geifr a'u ieir. Difyr ond drewllyd! Yna crwydro'r Casbah gan flasu *couscous* a *tagine* cig oen am y tro cyntaf, a phrofi diwylliant cwbwl wahanol. Teithio wedyn i ogledd Ffrainc y flwyddyn ganlynol gan fwriadu dychwelyd ar ôl rhyw ddeg diwrnod, ond roedd y tywydd mor ddiflas fe benderfynodd Ann a mi anelu blaen y car tua'r de a dilyn ein trwynau. Aeth yr hen Renault o Bicardi i Le Puy, i Avignon ac i Aix, i Orange ac ogofâu gwin Châteauneuf-du-Pape ym Mhrovence cyn crwydro i'r Camargue a lan i'r Dordogne a'u pentrefi marchnad oedd yn perthyn i'r canrifoedd a fu, cyn dychwelyd i Gymru trwy erwau'r gwaed a mynwentydd y rhyfeloedd yn Normandi. Y cyfan mewn prin dair wythnos – y daith gyntaf o lawer i'r wlad hyfryd honno.

Ymhen blwyddyn neu ddwy fe fentron ni ymhellach nag Ewrop, gan wireddu breuddwyd oes i mi, a mynd i America. Dechrau yn Boston, oedd yn gythreulig o wlyb ac oer, ond yn hardd a hanesyddol. Darganfod *hash browns* a *fries* a McDonald's a *refills* coffi am ddim a *clam chowder* a ... cymaint o bethau, a hynny cyn eu bod nhw ar gael yr ochr yma i'r dŵr. Yna, bwrw ymlaen i Washington. Yno buon ni'n aros mewn Holiday Inn, gwesty oedd ddim yn haeddu mwy nag un seren (sori!). Wrth gerdded at ein stafell fe agorodd drws lawr y coridor, daeth pen mawr du bygythiol i'r golwg, ac yna pen *bleach blonde* yr un mor fygythiol. Gymron nhw gip arnon ni a diflannu 'nôl i'r ystafell. Yna, ganol nos fe ges i 'neffro gan yr hyn yr own i'n meddwl oedd yn sŵn dryll rhywle jest tu fa's. O'n i'n breuddwydio? Wel, rai blynyddoedd yn ddiweddarach mewn caffi bach yn Rhufain mi fues i'n rhannu sgwrs gyda dwy Americanes o Washington, a chael gwybod bod yr Holiday Inn arbennig rown i wedi aros ynddo reit ar ymyl y *ghetto*, a na, mae'n fwy na thebyg nad o'n i ddim yn breuddwydio! Ond heblaw am yr Holiday Inn, roedd Washington yn wych. Roedd cael gweld y Tŷ Gwyn a'r Washington Monument a'r Lincoln Memorial a'r ardal lle lefarodd Martin Luther King Jr y geiriau 'Mae gen i freuddwyd' yn brofiad gwefreiddiol. Rown i wedi gweld y lle ar y teledu ac mewn ffilmiau ond bellach rown i yno. Ond roedd y gorau eto i ddod.

Ers 1967 mi fues i'n breuddwydio am gael mynd i Galiffornia gyda blodau yn yr ychydig wallt oedd gyda fi. A nawr rown i ar fy ffordd. Dwi'n dal i gofio'r daith awyren wrth inni godi dros y Sierra Nevada oedd yn wyn dan eira, ac yno o'n blaen roedd arfordir gorllewinol America a'r Môr Tawel yn las, las. Buon ni'n aros yn San Francisco mewn hen dŷ pren traddodiadol yn Noe Valley, heb fod ymhell o Haight-Ashbury lle gychwynnodd haf yr hipis, 'the summer of love', yn '67. Bellach roedd yr ardal yn enwog am ei phoblogaeth hoyw, ac fe aeth Aled Samuel a mi am dro ar hyd Polk Street. Ymhen rhyw hanner canllath fe glywon ni lais rhywun mewn lledr du y tu ôl i ni yn dweud 'nice ass!' Dwi'n derbyn taw Aled oedd testun y fath sylw! Sdim angen dweud, ond aeth y ddau fachan o Aberdâr a Phont-rhyd-y-fen fawr ymhellach cyn troi 'nôl!!

Fe wireddais i sawl breuddwyd ar y daith honno. Cael canu yng Nghaliffornia oedd un, ac fe wnes i hynny gyda fy nghyfaill Hergestaidd Mr Geraint Davies, wrth i ni ganu 'Ugain mlynedd yn ôl' a 'Niwl ar fryniau Dyfed' mewn priodas yn San Francisco. Yna, wedi'r briodas – taith – a honno'n daith a hanner. O San Francisco lawr i Los Angeles ac i Anaheim, ac i Disneyland, pump oedolyn di-blant yn ymddwyn fel plant trwy'r dydd! Brofon ni Space Mountain, Pirates of the Carribean, Big Thunder Mountain Railroad a phob atyniad arall. Gwych. I ddathlu'r diwrnod fe aethon ni i dafarn fach yn un o strydoedd cefn Anaheim. Es i at y bar i archebu diodydd i bawb, a gan fod pawb mewn hwyliau cystal fe ofynnais am bump coctel – pump Honolulu Cooler. Ymateb y *bartender* oedd:

'You want Honolulu Coolers? They're two thousand miles in that direction!'

'Oh, OK,' medde fi!

'Hey buddie, where you from?' medde fe 'to.

'Oh, Wales,' medde fi, gan ddisgwyl gorfod esbonio lle'r oedd Gwlad y Gân.

'Wales! Gee,' medde fe, 'do you know Ar Log?'

Pe bawn i wedi bod yn eistedd ar stôl mi fydden i wedi cwympo bant! Roedd e wrth ei fodd, medde fe, â cherddoriaeth werin Cymru, ac yn 'really impressed' 'mod i'n nabod y band yn bersonol, ond doedd dal dim gobaith cael Honolulu Cooler!

Adawon ni Anaheim y bore wedyn, a bant â ni trwy'r diffeithwch i Palm Springs a Death Valley, a 'mlaen i Scottsdale, Arizona, lle'r arhoson ni gyda *private detective* oedd ddim yn cloi ei ddrws ffrynt yn y nos, ond yn hytrach yn cysgu gyda dryll Magnum wrth ochr ei wely. 'If anyone breaks in they know they're gonna get shot,' oedd ei feddylfryd, meddylfryd oedd yn peri peth pryder i mi, achos roedd Aled Sam a fi yn cysgu ar soffa anferth, soffa anferth oedd rhwng y drws ffrynt a'r stafell wely a'r Magnum. Fe benderfynon ni sdim ots pa mor desbret oedden ni, doedd yr un ohonon ni'n mynd i godi i fynd i'r tŷ bach y noson honno!

Yna, o Phoenix, lan trwy Bedrock (oes, mae 'na le o'r enw Bedrock – gyda'n gilydd nawr, 'Flintstones, meet the Flintstones') i weld un o ryfeddodau'r byd, y Grand Canyon. Erbyn heddiw, dwi wedi teithio cryn dipyn ond dwi dal heb weld unrhyw beth i gystadlu â'r Canyon. Arhoson ni yno am oriau gan ryfeddu wrth weld y golau'n newid ar y creigiau coch. Iabadabadŵ, breuddwyd arall wedi'i gwireddu. Fe benderfynon ni y byddai'n well symud ymlaen pan welson ni gymylau anferth a bygythiol yn dod dros y gorwel o'r gorllewin, felly bant â ni i ganol y tywyllwch am oriau, cyn gweld golau bach yng nghanol y diffeithwch. Las Vegas oedd y golau bach! Ond cyn cyrraedd Vegas fe gyrhaeddon ni dref ryfedd iawn ar ffin Nevada, tref oedd yn llawn dop o ganolfannau gamblo. Fe grwydron ni mewn i un i chwilio am bach o swper. Roedd dewis da: byrgyr, byrgyr, byrgyr neu byrgyr ... o! a *fries*. Chododd yr un enaid byw ei lygaid oddi ar y cannoedd o *one-arm bandits* oedd yno i edrych ar y Cymry busneslyd, a methais i â deall am sbel pam roedd y rhan fwyaf o'r bobol oedd yno yn gwisgo maneg wen ar un llaw, nes i'r gweinydd ddweud wrtho i eu bod nhw yno o fore gwyn 'sbo nos, a bod y faneg yn angenrheidiol i arbed niwed i'w dwylo. Roedd doctor gan bob un ganolfan hefyd, gan fod yna bobol yn marw wrth y peiriannau yn aml. Yn y Gorllewin Gwyllt roedd hi'n amlwg bod y bandits yn dal i ladd y diniwed.

Wedi noson yn Las Vegas bant â ni eto gan anelu am Lake Taho, lle allech chi yrru mewn i eglwys ar ochr yr hewl a gyrru ma's yr ochr draw wedi priodi. Ie, *drive-in weddings*! Heblaw am y McDonald's priodasol bob ryw hanner canllath roedd Lake Taho yn lle hardd i'w ryfeddu. Llyn glas glân yng nghysgod y mynyddoedd a'u copaon gwyn. Yn fodlon braf fe anelon ni'r car tua San Francisco a diwedd ein taith. Buon ni'n teithio'n ddidrafferth am sbel, ac rown ni ar fin cyrraedd cyrion Yosemite pan aethon ni rownd rhyw gornel ac yno o'n blaen roedd wal o eira ddeg troedfedd o uchder, a dau arwydd – *Beware Avalanche* a *Road Closed*. Do, fe ddigwyddodd ym mryniau mwyn Maldwyn, a nawr roedd e'n digwydd ym mynyddoedd mawr America. Dargyfeiriad o ryw bymtheg milltir fu ym Maldwyn. Dargyfeiriad o bum can milltir oedd hi yn America. *Yep*! Fel mae'r hen faled yn ddweud, 'mae popeth yn fwy yn America'! Gyrhaeddon ni San Ffran yn y bore bach wedi gyrru trwy'r nos. Diwrnod o ymlacio wedyn yng nghwmni'r pelican a'r morlo a'r *clam chowder* ar Pier 49 cyn bwrw am y maes awyr ac adref. Rown i wedi breuddwydio am fynd i'r Amerig ers 'mod i'n dair ar ddeg, a haf enwog '67. Oedd y wlad gystal ag o'n i'n ddisgwyl? O oedd, a gwell, ac rown i'n gwybod y bydden i am ddychwelyd yno rhyw ddydd, ond nid yn syth.

Rown i wedi rhoi fy mryd ar weld gwlad arall, ochr arall y

geiniog fel petai, felly ymhen y flwyddyn rown i ac Ann yn Rwsia. Os mai awyr las a byrgyrs blasus, cyfoeth, a'r gred bod unrhyw beth yn bosib oedd naws America, wel, oerfel, bwyd diflas a'r teimlad eich bod chi'n cael eich gwylio bob eiliad o'r dydd oedd hi yn Rwsia. Ond wedi dweud hynny, fe gawson ni brofiadau bythgofiadwy. Roedd y wlad ar fin newid, roedd Glasnost yn yr awyr, a Mikhail Gorbachev ar fin cymryd yr awenau, ac roedd Rwsia ddoe a Rwsia fory yn gwthio yn erbyn ei gilydd, heb wybod pwy fyddai'n fuddugol.

Arhoson ni mewn gwesty concrit unffurf Stalinaidd ym Moscow, lle gawson ni gig diflas, tatws caled a bresych sur i'w fwyta'n ddyddiol. Erbyn y trydydd dydd fe benderfynon ni chwilio am fwyd yn yr archfarchnad, felly dyma fynd i'r orsaf rheilffordd agosaf i ddal y tiwb i mewn i ganol Moscow, ac wrth gerdded lawr at y platfform fe welson ni'r olygfa hynotaf. Roedd yr orsaf wedi'i gorchuddio gan deils lliwgar a mosaics cywrain, ac yn lanach na'r un orsaf rheilffordd rown i wedi'i gweld erioed. Wrth sylwi ar y gorsafoedd ar hyd y daith i ganol y ddinas, roedd pob un yr un mor hardd a'r un mor lân. Unffurfiaeth hyll Stalinaidd uwchben, prydferthwch cwbl annisgwyl islaw.

Ac annisgwyl yw'r gair i ddisgrifio'r hyn ddigwyddodd ar y tiwb cyn inni gyrraedd canol y ddinas. Eistedd yn dawel yr own i yn edrych ar bapur newydd Rwsiaidd y teithiwr gyferbyn pan eisteddodd bachgen ifanc yn f'ymyl. 'You want to sell your jacket? I have nice Russian black box you could have for your jacket.' Rown i'n syfrdan am eiliad neu ddwy heb wybod beth i'w ddweud, ond yna fe ddechreuon ni sgwrsio, ac fe ges i wybod ei fod e'n fyfyriwr, a bod dillad gorllewinol, neu'n gywirach, unrhyw beth gorllewinol yn apelio'n fawr at fyfyrwyr ifanc Rwsia. Ymddiheurais gan ddweud taw dyna'r unig siaced oedd gen i, a bod ei hangen arna i yn yr oerfel, ond mi wnes i addo pe bawn i'n dychwelyd i Moscow y bydden i'n dod â siaced sbâr a jîns denim sbâr rhag ofn y bydden i'n cwrdd â myfyriwr tebyg ar ryw drên yn y dyfodol. Fe aeth yn ôl i'w sedd, a dechreuais i feddwl am y gair Rwsieg am ffarwél er mwyn ffarwelio ag e yn ei famiaith wrth iddo adael y trên. Mi gofiais – *dosfidania* – a dyma'i ail-ddweud drosodd a throsodd yn fy mhen – *dosvidaniya* ... *dosvidaniya*. Wrth gyrraedd y stop nesaf fe gododd y myfyriwr ei law arna i wrth gamu tua'r drws; fe godais i fy llaw arno yntau a gweiddi 'Dostoyevsky'! Edrychodd y myfyriwr bach, a hanner teithwyr y trên, yn syn arna i, cyn hanner gwenu a diflannu i un o faestrefi'r ddinas. O! am dwll i fy llyncu yn y fan a'r lle. Twpskinsky!

Wedi cyrraedd canol y ddinas, doedd dim problem dod o hyd i Gum, unig archfarchnad Moscow. Adeilad anferth a'r ffenestri i gyd wedi'u gorchuddio â hen bapurau newydd, arferiad oedd yn fy nharo i'n rhyfedd, nes i mi fynd i mewn, ac o fynd i fewn, rown i'n deall pam. Doedd braidd dim byd ar werth yno. Roedd marchnad Aberdâr fel Harrods o gymharu â Gum. Ambell i stondin yn gwerthu rhyw fath o gig, tatws a bresych, stondinau dillad isaf o'r pumdegau, ac un stondin yn gwerthu'r jîns rhataf welais i erioed. A dyna fe, mewn siop anferth o fawr roedd tua 70 y cant o'r stondinau'n gwbwl wag. Felly ma's â ni yn waglaw, a gweld ciw o bobol wrth y gornel yn amlwg yn disgwyl i brynu rhywbeth. Felly fe ymunon ni â'r ciw ond erbyn cyrraedd hanner ffordd roedd y Del Boy lleol a beth bynnag roedd e'n ei werthu wedi mynd. Chawson ni byth wybod beth oedd ar werth, na chwaith oedd e werth ei brynu.

Gyferbyn â'r archfarchnad wag roedd adeiladau trawiadol y Kremlin, ac ym mhen draw'r Sgwâr Coch roedd eglwys hardd a chyfoethog San Pedr. Rown i'n dechrau dod i ddeall deuoliaeth ryfedd y wlad hon, ac fe brofwyd hynny imi wrth i ni fynd ar benwythnos y Pasg i eglwys Uniongred Rwsiaidd ym mhentref Zagorsk. Roedd dau dywysydd gyda ni ar y bws, un ifanc ac un hŷn. Gobaith oedd yng ngeiriau'r tywysydd ifanc wrth inni rannu sgwrs wrth gerdded at yr eglwys. Roedd hi'n gweld bod Glasnost ac agwedd fwy agored yn mynd i arwain at berthynas well gyda'r Gorllewin a'r byd ehangach, gan gynnig masnach, a mwy o ryddid a chyfleoedd o fewn y gymdeithas yn Rwsia. Dyna oedd ei gobaith hi am y dyfodol. Wrth gamu mewn i'r eglwys, gadawyd y dyfodol tu fa's. Yno, roedd rhyw ddeugain o werinwyr lleol yn edrych fel pe baen nhw newydd gerdded oddi ar set ffilm *Dr Zhivago*, yn hagr ac yn garpiog o dlawd. Dwi'n dal i allu gweld un gŵr o 'mlaen i nawr, dros ei chwe throedfedd a'i farf mor llwyd â'i groen, yn gwisgo cot filwrol ddu ddi-raen a ddaeth, am wn i, o'r Ail Ryfel Byd, os nad o gyfnod y Chwyldro ym 1917. Roedd ei lygaid pŵl yn syllu'n syth ymlaen, ac yna wrth weld y sgrin fawr yn agor ym mhen draw'r eglwys fe ruthrodd e a'r gweddill ymlaen. O'r tu draw i'r sgrin fe ddaeth yna esgob a'i osgordd yn cario Beibl anferth, Beibl â chlawr o aur. Amgylchynwyd yr esgob a'r Beibl gan y llu llwyd. Cusanwyd y Llyfr a chusanwyd y modrwyau drudfawr ar ddwylo'r esgob. Yna fe glywson ni'r canu. Yn y crypt oddi tanon ni roedd 'na gôr, ac roedd eu sain yn cyrraedd aton ni trwy gyfres o dyllau mawr crwn yn y waliau. Rown nhw'n canu *Requiem* gan Tchaikovsky. Aeth 'na gryd i lawr fy nghefn.

Ymhen rhai munudau fe ddychwelodd yr esgob â'i Lyfr a'i fodrwyau i ochr draw y sgrin, ac fe ymgasglodd y bobol leol wrth y drws. Roedd ambell un, gan gynnwys y gwron tal, yn estyn llaw gan obeithio am rodd ariannol gan y *tourist* cyfforddus ei fyd yn ei got ledr ddu. Fe es i ati i roi hynny o arian oedd gen i yn fy mhoced iddo fe a'r lleill, ond o unman fe ddaeth yr ail dywysydd, a mynnu 'mod i'n rhoi fy arian yn ôl yn fy mhoced, gan gyhoeddi bod y wladwriaeth yn gofalu am holl anghenion y bobol, a bod dim angen iddyn nhw gardota fel hyn. Fe driais i ymresymu â hi, a dweud bod dim ond eisiau edrych arnyn nhw i weld eu bod nhw mewn angen. Na! Roedd y Blaid Gomiwnyddol yn gofalu amdanyn nhw, roedd y Blaid Gomiwnyddol yn gofalu am bawb yn y wlad, a doedd y bobol yma ddim yn dlawd, twyllwyr diwerth oedden nhw. A gyda hynny, fe'n tywyswyd at y bws. Oedd, roedd had gobaith newydd yn egino, ond roedd yr hen agweddau yn dal yn y tir, ac fel ry'n ni'n gwybod bellach, syrthio ar dir caregog wnaeth yr had gobeithiol. Bu ymweld â'r Undeb Sofietaidd yn brofiad gwych, ond yn wahanol i James Bond wnes i ddim dychwelyd 'From Russia with Love' ond yn hytrach, fel y Tebot Piws, 'mi es i Iwgoslafia yn yr haf'.

1990 oedd hi pan aethon ni am bythefnos o haul i'r hen Iwgoslafia. Crwydro yn y mynyddoedd ac ymweld â'r ynysoedd, cerdded strydoedd dinas unigryw Dubrovnik, ac yna un daith fws o ddinas Split i dref Mostar. Yno, bues i'n sefyll ar bont Suleiman Fawr, pont hanesyddol o'r unfed ganrif ar bymtheg ac un o ryfeddodau pensaernïol Islamaidd ardal y Balkans. Wedi ymweld â'r bont fe aeth Ann a mi a'n cyd-deithwyr i gael bwyd. Yna, wedi bwyta, fe aeth pawb i ddal y bws 'nôl i Split. Pawb ond Ann a mi. Buon ni'n disgwyl oes pys i dalu am ein bwyd, ac erbyn i ni gyrraedd y maes parcio roedd y bws wedi mynd hebddon ni! Felly, dyna lle'r own ni yng nghanol y mynddoedd heb yr un gair o Serbo-Croat, dim ffôn (roedd dyddiau cyswllt cyson y ffôn symudol ymhell ar y gorwel!), dim map, fawr ddim arian, a dim syniad sut oedd cyrraedd Split! Beth o'n ni'n mynd i'w wneud? Roedd y bws olaf wedi gadael, felly anelu am yr orsaf drenau oedd yr unig gynllun. Wrth gerdded trwy'r dref a'i strydoedd di-ri fe gawson ni gymorth parod gan bawb, a thrwy bwyntio a chyfeirio (iaith ryngwladol pob teithiwr!) fe lwyddon ni i gyrraedd yr orsaf. Yno, wrth ddweud y gair Split a dangos dau fys (Na!!) i'r dyn bach yn y swyddfa, fe brynon ni docynnau i ryw bentref ar yr arfordir, a chael ar ddeall y byddai'n bosib i ni gael bws o'r fan honno i Split. Da!

Nawr 'te, ar ba blatfform oedd angen i ni fod? Dangoson ni'n tocynnau i'r gorsaf-feistr mwstasiog a llawen, ac fe ddanfonodd hwnnw ni dros y bont ac i'r platfform gyferbyn. Bant â ni. Roedd tua ugain munud wedi mynd heibio pan welson ni drên yn cyrraedd yr ochr draw; ar yr ochr draw hefyd roedd y gorsaf-feistr mwstasiog llawen yn amneidio arnon ni, a phawb arall oedd yn ein hymyl ni, i ymuno ag e 'nôl ar yr ochr arall! Felly, bant â ni, yn glwstwr o chwys, lan y grisiau, dros y bont, lawr i'r ochr draw, i'r platfform ac ar y trên. Roedd e'n gwmws fel yr hen hanes am y gorsaf-feistr yng ngorsaf drenau Aberdâr wnaeth gyhoeddi, 'Everybody by 'ere go over by there, and everybody over by there come over by 'ere!' Beth bynnag, wrth i'r trên adael yr orsaf fe gododd y mwstasiog un ei law arnon ni, ac roedd e'n wên o glust i glust. Rhannu'r daith drên wedyn gyda chriw o weithwyr cyfeillgar o Sarajevo, cyn cwpla'r daith ar fws ymysg gwŷr a gwragedd ac anifeiliaid o'r farchnad leol. Roedd hi wedi bod yn dipyn o ddiwrnod, ond bu'n antur a phrofiad difyr a doniol yng nghwmni amrywiaeth o bobol y Balkans.

O fewn blwyddyn roedd y bobol ddifyr a llawen yma'n lladd ei gilydd wrth i'r ardal ffrwydro yn ystod Rhyfeloedd Annibyniaeth Serbia, Croatia a Bosnia. Fe fomiwyd dinas hardd Dubrovnik a chwalwyd yr hen bont lle fues i'n sefyll ym Mostar gan fwledi a rocedi. Profiad rhyfedd oedd gweld y dinistr ar y teledu, a dwi'n aml yn meddwl beth ddaeth o'r gorsaf-feistr llawen a'r gweithwyr ar y trên.

Yn ystod yr holl deithio yma, rown i'n dal i gyfansoddi a pherfformio. Mi ffurfiais fand roc newydd wedi i Omega ddod i ben – band yn cynnwys yr amryddawn Dafydd Pierce a fuodd yn aelod o Dr Hywel Ffiaidd, ac Ian Lawrence, hen gyfaill i mi a fuodd yn aelod o Shakin' Stevens and the Sunsets 'nôl yn nechrau'r saithdegau. Doedd dim byd yn bod ar y band, ac fe berfformion ni mewn sawl cyngerdd a rhaglen deledu, a chael sesiwn ar y rhaglen radio *Sosban*, ond rown i'n dal i glywed Omega yn fy mhen. Felly fe benderfynais fod angen i mi fynd i gyfeiriad cwbl wahanol, ac fe roddais i'r gitâr drydan naill ochr ac ailgydio yn fy ngitâr acwstig, a dechrau o'r dechrau eto, a chreu casgliad o ganeuon gwerin cyfoes. Beth yw cân werin gyfoes? A dweud y gwir, alla i ddim ateb y cwestiwn yna ag unrhyw awdurdod; i mi, teimlad yw e, ac roedd y caneuon yma'n teimlo fel caneuon gwerin cyfoes.

Fe recordiais i'r cyfan yn y Ffatri Gerdd yng Nghaerdydd, gyda John Davies (Eliffant) a Dai Shell (Sassafras), ac rown i wrth fy modd gyda'r canlyniad. Fe gefais gyfle i gydweithio gyda Iolo Jones (Ar Log, yr Hennessys, a Madog, fy mand cyntaf i'n Rhydfelen), y dewin geiriau Myrddin ap Dafydd, a chyfle i gydganu gydag un o fy hoff gantoresau, Linda Griffiths o Plethyn. Roedd ystod eang i'r caneuon, o hanes Lleucu Llwyd i hanes y tri losgodd yr ysgol fomio ym Mhenyberth, merched Castell-nedd, morwr o Gaernarfon a photsiar o'r gorllewin, ond mi wnes i ddychwelyd i'r Cymoedd, ac at fy nheulu a 'ngwreiddiau, wrth enwi'r casgliad, a hynny ar ôl y gân 'Mwgyn a Mwffler a Mynyffarni'.

'Shwt ti awydd cyfansoddi ryw *sig tune* bach ar gyfer cyfres ma' Sulwyn Tomos a fi'n paratoi, DS?' oedd cwestiwn fy hen gyfaill o ddydiau Radio Cymru, Lyn T. Jones. 'Cyfres ar y glowyr.' Doedd dim angen gofyn ddwywaith. Rown i wrth fy modd yn derbyn y gwahoddiad. Ond wedi dechrau meddwl am y dasg, fe sylweddolais i ei fod e'n mynd i fod yn anoddach nag o'n i'n feddwl. Shwt o'n i'n mynd i allu disgrifio'r glôwr mewn ychydig eiriau, ac ychydig o amser, a dweud rhywbeth oedd ddim yn ystrydeb? Doedd dim modd i mi dynnu ar fy mhrofiad i, fues i erioed yn löwr, ond roedd fy nheulu'n llawn ohonyn nhw, ac fe droies i at hanes dau ewythr i mi er mwyn cwblhau'r dasg. Dau ewythr a dau löwr, a dau gwbwl, gwbwl wahanol i'w gilydd.

Brawd Mam oedd Wil Harries, neu Owa Wil i mi ('Owa' yw gair y Cymoedd am ewythr), ac fe aeth lawr y pwll yn ei arddegau, ond roedd ei fryd ar ddianc o'r ffas. Mi fyddai'n gwneud shifft, mynd sha thre, bwyta, mynd i'r gwely, yna'n codi'n gynnar i astudio ei lyfrau ar beirianneg a sut i reoli pwll glo. A dyna oedd ei batrwm am flynyddoedd nes iddo lwyddo i ddod yn Ddirprwy Reolwr yn y pwll. Buodd yn flaenor gwerthfawr yng nghapel yr Addoldy yng Nglyn-nedd, a gyda Bopa Mêri, ei wraig, yn gefnogwr brwd i bopeth Cymreig a Chymraeg. Fe oedd yn berchen ar unig gar y teulu, Austin Cambridge ... neu Morris Oxford, o'n i'n byth yn gallu dweud y gwahaniaeth rhyngddyn nhw! A'i hoff air oedd 'neilltuol'; os oedd rhywbeth yn ei blesio, wel 'neilltuol' oedd y gair. A dwi ddim yn meddwl i mi glywed y blaenor addfwyn yn rhegi erioed, sydd ddim yn rhywbeth alla i ddweud am y cymeriad arall yn y stori hon, sef Owa Wil Rowlands.

Brawd yng nghyfraith fy nhad oedd Owa Wil Rowlands, glöwr oedd yn gweithio gyda'r ceffylau dan ddaear, ac fe lwyddodd e i ddianc o'r ffas hefyd, ond nid trwy astudio fel Owa Wil Harries, ond wrth ymuno â'r fyddin ar ddechrau'r Rhyfel Mawr ym 1914. Yn 17 mlwydd oed fe aeth i Ffrainc gyda'r ceffylau oedd yn tynnu'r gynnau mawr. Buodd e fyw trwy frwydr y Somme. Yn ôl ei wraig, Bopa Mati, fe lwyddodd i wneud hynny am mai dim ond rhyw bum troedfedd a chwpwl o fodfeddi o daldra oedd e, ac roedd y bwledi i gyd yn mynd dros ei ben! Mmm, boed hynny fel y bo, fe wnaeth, ac fe ddychwelodd yn fyw i Gymru fach, at ei deulu, ac at ei geffylau yn y pwll. Ond dim ond dros dro, achos o fewn dim fe aeth yn borthmon gan gludo anifeiliaid o Gwm Cynon i Aberhonddu ac i barthau Lloegr. Enillodd wobr gydag ambell i geffyl y bu'n gofalu amdano, gan gynnwys un a gafodd ei gyflwyno i'r Brenin Siôr pan ddaeth hwnnw ar ymweliad ag Aberdâr – stori y byddai'n ei hadrodd i mi pan o'n ni'n cydgerdded o Faes-y-dre lan y 'dram road' i Drecynon neu Lwydcoed i weld gêm bêl-droed. Bydde fe hefyd yn galw heibio i'n tŷ ni yn gyson, yn y dwetydd (diwedd y prynhawn) gan amlaf, i gael dishgled o de, darn bach o dishen a phwt o sgwrs, cyn mynd ar ei ffordd i'r Band of Hope. Doedd gyda fi ddim syniad beth oedd y Band of Hope, mwy na'i fod e'n rhywbeth i'w wneud gyda'r eglwys. Bydde fe'n galw ar y ffordd 'nôl hefyd, ond erbyn hyn roedd e rywfaint yn fwy simsan ar ei draed, ac yn barod iawn, iawn ei sgwrs. Flynyddoedd yn ddiweddarach fe ddes i ddeall taw'r Boot Hotel ar y sgwâr yng nghanol y dref oedd ei Fand of Hope e! Ie, Owa Wil Rowlands!

Dau ewythr, dau löwr. Un yn flaenor, ac un heb groesi trothwy capel nac eglwys. Un yn dal a'r llall yn fyr. Un llawn sgwrs a'r llall yn dawedog. Un yn hoff o'i de a'r llall yn hoff o'i beint. Un heb regi erioed a'r llall ...!*!*!*! Ond os oedd gwahaniaeth, roedd tebygrwydd hefyd. Roedd y ddau'n ymfalchïo eu bod nhw wedi bod yn rhan o gymdeithas glòs y lofa, roedd y ddau yn ddi-ffael naill ai â phib neu Woodbine yn eu cegau, roedd y ddau'n gwisgo mwffler y glöwr, a byddai'r ddau wedi rhannu'r gair 'mynyffarni!' Felly, diolch. Diolch i ddau o 'arwyr glew erwau'r glo', Owa Wil Harries ac Owa Wil Rowlands, am fy ngalluogi i gynnig teyrnged i frid diflanedig, y glöwr.

9.

Un Byd

'Dwi'n methu anadlu'r awyr,
Methu yfed y dŵr oedd fel y gwin.
Methu anadlu'r awyr,
Dwi'n araf lithro dros y distaw drin.
Dwi'n teimlo'r llosgi sy'n fy llethu'n fy ngwythiennau prudd.
O! Na!'

Ac mae'r Byd yn dweud,
'Gad fi fod!
Dwi'n methu credu'r hyn ry'ch chi'n ei wneud i mi.
Gad fi fod!
Oni welwch chi yr hyn a welaf i?'

'Dwi'n methu â chodi f'adenydd,'
Medd yr wylan wen,
'Methu dianc heno rhag yr olew du.
Methu â chodi f'adenydd,
Ai dyma'r fan a ddewiswyd i mi?
Dwi'n teimlo'r llosgi sy'n fy llethu'n fy ngwythiennau prudd.
O! Na!'

Ac mae'r Byd yn dweud,
'Gad fi fod ...'

Un Byd. Uno Mundo. Un Byd ...

Ho imparato l'Italiano! Mi wnes i ddysgu Eidaleg! Pam? Wel, fel hyn oedd hi.

Roedd Aberdâr yn llawn dop o Eidalwyr. Roedd gyda ni Eidales yn y teulu, ac rown i wedi treulio oriau yn yfed *frothy coffee* yng nghaffis Mascherpa, Crusci, Bracchi a Ferrari, ond do'n i erioed wedi bod ar ymweliad â'r wlad. Felly dyma drefnu mynd am wythnos i Florence a Rhufain. Digwydd bod, roedd cyd-weithiwr i mi ar y pryd yn siarad Eidaleg yn rhugl, felly fe wnaeth hi'r trefniadau i gyd. *Molto bene!* Trefnodd yr awyren, a'r llety, popeth, ac mi ddysgodd un frawddeg i mi er mwyn i mi gyfarch perchennog y gwesty yn Florence. A dyma'r frawddeg – 'Ho una camera doppia per due notte per signor e signora Siôn.' Sef, dwi wedi archebu stafell wely ddwbwl am ddwy noson i Mr a Mrs Siôn. Gwych! Ac fel disgybl da, mi fues i'n ymarfer y frawddeg yn ddi-baid nes ei pherffeithio.

Ymhen rhai wythnosau daeth diwrnod y gwyliau a bant â ni. Wedi glanio'n y maes awyr, fe gawson ni fws i ganol y ddinas, ac yna'r daith dacsi fwya brawychus i mi ei phrofi erioed. Pam ma' gyrwyr tacsis yr Eidal yn gyrru lawr ffyrdd un ffordd – Aaaahh!– y ffordd anghywir? Oes rhywun yn gwybod? Atebion ar garden post i ...

Ta waeth, gyrhaeddon ni'r gwesty, gwesty oedd yn edrych yn syndod o dywyll. Yno, wrth y drws, roedd 'na hen wraig Eidalaidd wedi'i gwisgo mewn du i gyd yn brwsio'r grisiau. Reit, dyma'r eiliad rown i wedi bod yn paratoi ar ei chyfer. Ffrwydrodd fy unig frawddeg o Eidaleg o fy ngenau yn un stribed hir o berffeithrwydd. Do wir. Yn anffodus, mor berffaith nes daeth 'na stribed hir o Eidaleg yn ôl ata i, a minnau, wrth gwrs, yn deall dim! Bu saib hir, cyn i mi gael syniad gwych – ie, dyna wnelen i, dweud fy mrawddeg eto! Beth ddigwyddodd? Wel, gwmws yr un fath, wrth gwrs. Llifeiriant o Eidaleg, a minnau yn dal i ddeall dim – oedd yn syndod i neb a dweud y gwir, gan taw dim ond tair brawddeg o'r iaith oedd gen i: dwi wedi archebu stafell, ble mae'r orsaf drenau, ac mae'r esgid yma'n rhy dynn! (Peidiwch â gofyn!)

Diolch i'r drefn, fe ddaeth yna Samariad trugarog heibio oedd yn siarad Saesneg, ac fe gawson ni wybod bod perchennog y gwesty wedi cael trawiad ar ei galon a'i fod yn yr ysbyty, a bod y gwesty wedi cau. Reeeeeit! Beth oedden ni'n mynd i'w wneud nawr?

Wel, digwydd bod, medd y dieithryn trugarog, ma' gan fy nghefnder i westy bach heb fod ymhell, falle bod lle yno. Gwych! Bant â ni i weld. Roedd yn llawn. Ond digwydd bod, roedd gan y perchennog gefnder oedd yn berchen ar westy bach heb fod ymhell. Felly bant â ni eto. Na, llawn! Ond, digwydd bod, ie, chi siŵr o fod ar y blaen i fi nawr, roedd ganddo gefnder oedd yn berchen ar westy bach heb fod ymhell. Bant â ni am y trydydd tro, ond y tro yma bu llwyddiant, ac fe gawson ni wely a brecwast, a'r coffi gorau i mi ei flasu erioed!

Ond dyw'r hanes ddim yn cwpla'n y fan honno. Fe drefnon ni gyda mam y perchennog y bydden ni'n dychwelyd i'r gwesty nos Fercher wedi ymweld â Rhufain. Popeth yn iawn. *Grazie!* Felly, wedi ymweld â marchnadoedd a galerïau Florence, lawr â ni i Rufain am dridiau bendigedig cyn dychwelyd i Florence. Wedi taith drên chwe awr, fe gyrhaeddon ni'r orsaf. Cerdded wedyn o'r orsaf i'r gwesty. Dringo'r grisiau. Curo ar drws, a disgwyl ... disgwyl ... disgwyl ... Ymhen hir a hwyr fe ddaeth y fam at y drws, a gyda wyneb cwbl syn, datganodd, 'Domani! Domani!' Ie, 'Yfory! Yfory!' Oedd, roedd hi'n ein disgwyl ni 'nôl 'Yfory', ac roedd y gwesty'n llawn. Ond, chredwch chi fyth, oedd, roedd ganddi gefnder! ... A dyna pam wnes i ddysgu Eidaleg!!

Bu sawl taith i'r Eidal yn dilyn yr antur gyntaf yna, ond yna fe ddaeth y gwyliau tramor i ben am sbel, achos 'o'r diwedd' (geiriau fy mam!), fe gyrhaeddodd y plant. Nawr, ystrydeb yw dweud bod cael plant yn newid popeth, ond ga i ddweud, mae cael plant yn newid popeth! Ar ôl deng mlynedd o briodas fe gyrhaeddodd ein plentyn cyntaf – Lowri. O fewn dwy flynedd fe gyrhaeddodd yr ail – Meilir. Fe gafodd ei eni ym mis Hydref, ond ym mis Tachwedd fe newidiodd ei fywyd e, a'n bywyd ni fel teulu, yn llwyr. Yn Rhuthun o'n ni, ac roedd Ann a Nain a Lowri wedi mynd am dro, gan adael Taid a mi a Meilir adre. Roedd Meilir yn fy nghyrffed wrth imi wylio'r rygbi ar y teledu. Roedd Cymru'n herio'r Crysau Duon. Roedd yn amser bwydo. Roedd y botel yn barod yn fy llaw. Yna, heb unrhyw rybudd, fe blygodd ei gorff am yn ôl a llithrodd ei lygaid i dop ei ben. Rown i'n gwybod bod rhywbeth o'i le, ond am ryw reswm feddyliais i pe bawn i'n gallu llwyddo i'w gael i gymryd y llaeth o'r botel y byddai'n dod dros beth bynnag ddigwyddodd. Gwrthod y botel oedd yr hanes, wrth gwrs, ac rown i'n gwybod erbyn hyn bod rhywbeth mawr wedi digwydd. Dychwelodd Ann. Ffoniwyd y doctor. Cyrhaeddodd. Ac o fewn hanner awr roedden ni yn Ysbyty Glan Clwyd.

Yn hwyrach y noson honno mi gawson ni wybod bod ein mab chwe wythnos oed wedi dioddef gwaedlif ar yr ymennydd. Pan ddaeth yn ôl i'r ystafell fach ar y ward wedi'i driniaeth, roedd yn fwndel o diwbiau ynghlwm wrth beiriannau, a braidd o'n ni'n ei nabod. Dywedwyd wrthon ni bod dim byd mwy i'w wneud. Y cyfan allen ni wneud nawr oedd aros, ymddiried yn y doctoriaid, a disgwyl i weld beth fyddai'n datblygu yn ystod yr oriau nesaf. Aros, ac aros, ac aros. Dwi'n ein cofio ni'n mynd ma's o'r adran yn yr oriau mân, ac ar noson glir, aeafol a'r ffurfafen yn llawn o sêr, teimlo'n gwbwl ddiymadferth, gan wybod bod ein bywyd wedi newid am byth. Mi fuodd e yn yr ysbyty am ryw bythefnos, ond gyda gofal pennaeth yr adran baediatryddol, Mr Yule, a'i dîm, fe ddaeth drwyddi. Ond ddim yn llwyr, mi fydde 'na broblemau i ddod. Oherwydd lleoliad y gwaedlif, mi fyddai'n effeithio ar ei ymennydd a'i gorff – doedd dim modd dweud yn union faint o niwed a wnaethpwyd. Byddai'n rhaid wynebu pa anawsterau bynnag oedd i ddod wrth iddyn nhw amlygu'u hunain.

Fe drefnwyd apwyntiadau di-ri wedi dychwelyd i'r de, gan gwrdd â doctoriaid ac arbenigwyr, a ffisiotherapyddion. Fe dderbyniodd sesiynau therapi corfforol am sbel o dan y Gwasanaeth Iechyd, sesiynau gwerthfawr eithriadol, sesiynau oedd yn gwneud lot o les iddo. Ond dim ond hyn a hyn oedd ar gael. Roedd yna restr hir o blant a phobol eraill yn disgwyl am yr un cymorth, ac yn gwmws fel heddiw, roedd adnoddau'r Gwasanaeth Iechyd Gwladol yn brin. Roedd yn sefyllfa rwystredig iawn. Doedden ni ddim ar ein pennau'n hunain yn hynny o beth. Roedd 'na rieni eraill yn yr un cwch â ni ac felly, o dipyn i beth, fe ddaethom at ein gilydd i sefydlu canolfan therapi newydd, canolfan oedd yn cynnig ffisiotherapi arbenigol i blant – Canolfan Bobath Cymru. Ers i'r drysau agor ym 1992 mae'r ganolfan wedi cynnig cymorth i filoedd o blant a'u rhieni, a bydd miloedd yn fwy yn elwa yn y dyfodol, gobeithio.

Brwydro yw'r gair cyntaf sy'n dod i'r cof wrth feddwl am y blynyddoedd nesaf yn ein hanes ni fel teulu. Brwydro am bopeth er lles Meilir. Erbyn ei ben-blwydd yn bedair oed roedd wedi dod i gerdded, ac i siarad, a bu'n mynychu'r ysgol feithrin gyda chymorth un i un. Y cam nesaf ar ei daith oedd ei addysg. Fe benderfynon ni mai addysg yn y brif ffrwd gyda chymorth ychwanegol fyddai orau iddo. I'r ysgol gynradd leol roedd ei gyfoedion yn mynd, ac rown i am iddo fod gyda chriw o gyfeillion cyfarwydd er mwyn cael bod yn rhan o'r gymuned a derbyn ei addysg yn yr iaith Gymraeg. Yn anffodus, roedd sawl arbenigwr a therapydd iaith yn y Gwasanaeth Iechyd yn gwrthwynebu hynny ac yn argymell addysg uniaith Saesneg, ac ar y pryd doedd dim therapyddion iaith Gymraeg ar gael. Cymraeg oedd iaith Meilir ar yr aelwyd, Cymraeg oedd iaith ei ffrindiau, ac felly i ni fel rhieni roedd hi'n amlwg mai addysg Gymraeg fyddai fwyaf addas, a hynny yn yr ysgol leol. Bu llythyru. Bu trafod. Bu dadlau gydag awdurdodau'r ddinas. Buan ddaeth mis Awst a ninnau'n dal heb gael gwybod ble fyddai Meilir yn mynd ym mis Medi. Bu ffonio diddiwedd. Dal dim synnwyr. Felly, fe benderfynon ni fod angen mynd gam ymhellach, a thra bo'r plant gyda fi, fe aeth Ann i lawr i Swyddfa'r Sir, eistedd yng nghyntedd y swyddfa, a gwrthod symud nes bod penderfyniad yn cael ei wneud. Buodd hi yno o fore gwyn 'sbo min nos. Ond fe gafwyd ateb, ac fe gafodd Meilir le yn Ysgol Melin Gruffydd.

Brwydro wedyn iddo gael cymorth yn yr ysgol; yn ffodus iawn, rown i mewn swydd oedd yn caniatáu i ni fel teulu dalu am gymorth, ac roedd e werth bob ceiniog. Y frwydr nesa oedd y frwydr i gael therapi iaith, ac yn hyn o beth fe ddaeth cymorth o gyfeiriad annisgwyl. Cynigiwyd therapi iaith iddo gan Dr Siân Munro, Pennaeth Therapi Iaith y Brifysgol. Roedd ganddi hi fyfyrwyr Cymraeg oedd yn astudio Therapi Iaith, ac mi fyddai'r myfyrwyr yma yn cael ymarfer eu sgiliau wrth weithio gyda Meilir a sawl plentyn Cymraeg arall. Arbrawf llwyddiannus a hynod o werthfawr, a mawr yw ein diolch ni i Siân ac Esyllt Swayne y fyfyrwraig, sydd bellach yn therapydd iaith trwyddedig. Parhau wnaeth y brwydro am amryw bethau trwy gydol ei gyfnod yn yr Uned Arbennig yn yr ysgol uwchradd yng Nglantaf, nes iddo gyrraedd Coleg Pen-y-bont a chael tair blynedd hapus a diwyd yno yng Nghanolfan Simon Weston, canolfan i bobol ifanc ag anghenion arbennig.

Erbyn hyn mae Meilir dros ei ddeg ar hugain, ac mae 'na broblemau'n parhau. Ond mae mewn lle da ar hyn o bryd. Mae ganddo batrwm i'w wythnos; mae'n wirfoddolwr yng ngerddi Vision 21 a'r Amelia Trust, ac yn Amgueddfa Werin Sain Ffagan, ac mae wrth ei fodd. Mae'n aelod o glwb ieuenctid a chlwb bowls, gyda chriw o bobol ag anghenion amrywiol, ac alla i ddim pwysleisio digon pa mor werthfawr ac angenrheidiol yw bywyd cymdeithasol iddo fe a'i gyfeillion, a pha mor ddiolchgar y'n ni fel rhieni i'r bobol sy'n cynnal y gweithgareddau hyn. Bu'r brwydro'n galed ar adegau, gan sugno egni'r teulu i gyd, ond roedd e werth yr ymdrech, achos roedd Meilir werth e.

Pan gyrhaeddodd Meilir rown i mewn lle da o ran fy ngwaith. Rown i newydd ffurfio cwmni teledu o'r enw Dime Goch gyda'r diweddar Dafydd Wyn Jones, neu Stan Cob fel roedd e'n adnabyddus i bawb, a Meic Bach, neu Meic Bach fel roedd e'n adnabyddus i bawb! Rown i'n nabod Stan ers blynyddoedd – fe oedd rheolwr Recordiau'r Cob, Porthmadog, a bu'n rheolwr ar Hergest am gyfnod byr. Bu Meic yn golygu llwyth o'm rhaglenni yng Nghanolfan Barcud yng Nghaernarfon, ac rown ni wedi dod yn dipyn o ffrindiau. Roedd y cwmni eisoes wedi cynhyrchu dwy gyfres gyda'r gantores Eirlys Parry, ac ar fin dechrau ar gyfres i bobol ifanc o'r enw *Uned 5*, cyfres a redodd am bymtheg o flynyddoedd gan roi cyfle i lwyth o gyflwynwyr newydd, gan gynnwys Mari Lovgreen a Gethin Jones. Yng Nghaernarfon roedd cartre'r cwmni ond yng Nghaerdydd roedd fy nghartre i. Roedd bron i ddau gan milltir rhwng y ddau le, ac wedi tostrwydd Meilir mi benderfynais fod hynny'n ddau gan milltir yn rhy bell. Felly, gyda chalon drom fe adewais y cwmni, a phenderfynu chwilio am waith yn y de yn unig. Yn ffodus, roedd cwmni Matinée yn chwilio am gyfarwyddwr i wneud comedi o'u heiddo, sef *Hapus Dyrfa*. Sôn am lando ar 'y nhraed! Comedi ysgafn oedd hon gyda dau gyfarwydd iawn i mi, Dewi Pws a Caryl Parry Jones, ac un fyddai'n dod yn gyfaill da, yr athrylith geiriau Roy Noble (mwy amdano fe nes 'mlaen!). A thri actor ifanc arbennig – Claire Williams, Arwel Davies ac Aled Pugh. Ymhen deng mlynedd fe ges i gyfle i gydweithio gydag Arwel ac Aled unwaith yn rhagor, wrth iddyn nhw ymuno â theulu *Pobol y Cwm*.

Yn ogystal â chael cydweithio gyda'r criw talentog oedd o flaen y camera mi gefais i gyfle i weithio gyda Myfyr Isaac, oedd yn gyfrifol am gerddoriaeth y gyfres, a Geraint Cynan, oedd yn canu'r gân agoriadol. Rown i'n nabod y ddau yn dda. Bu Myf yn drefnydd cerdd i mi ar sawl rhaglen deledu ac rown i'n nabod Geraint trwy'r grŵp Bwchadanas a'r gantores Siân James, ond yn dilyn *Hapus Dyrfa* roedd y tri ohonom am ddod i nabod ein gilydd yn dda iawn.

Wedi llwyddiant y casgliad gwerin *Mwgyn a Mwffler a Mynyffarni*, byddai unrhyw un call wedi bwrw ati i greu casgliad gwerin arall, ond, ddarllenwyr hoff, roedd hwnna'n opsiwn rhy hawdd! Rhywle, rywsut, fe gododd yr awydd ynof i wneud casgliad 'roc' arall. Y canlyniad oedd casét o'r enw *Hydref*, ac er bod yna waith gitâr ardderchog gan Tich Gwilym a Brian Breeze, caneuon am y Cymoedd, a chân i fy merch Lowri, 'Mor bell i ffwrdd', wrth edrych yn ôl dwi'n meddwl ei fod e'n gasgliad siomedig. 'Na fe, weithiau mae'n rhaid gwneud camgymeriadau er mwyn dysgu! Daeth diwedd ar y cyfansoddi am sbel, ac fe es i deimlo'n eitha isel, a meddwl falle bod yr amser wedi dod i mi roi'r gorau iddi, yn arbennig felly pan aeth Meilir yn dost eto ymhen y flwyddyn. Ond yr hyn sy'n rhyfedd yw – er falle ddim mor rhyfedd chwaith – pan ddechreuodd Meilir wella fe ddechreuais i gyfansoddi eto, ac fe ddilynodd un gân ar ôl y llall.

Fe ofynnais i gwmni Sain a fydden nhw am gyhoeddi'r casgliad newydd yma, ond oherwydd bod *Hydref* heb werthu cystal, doedd dim diddordeb ganddyn nhw. Dealladwy, ond siomedig wedi'r holl flynyddoedd o gydweithio. Felly, beth o'n i'n mynd i'w wneud nawr? 'Enter Stage Left' – Wyn a Richard Jones o gwmni Fflach. Fe gwrddais i â'r ddau frawd gyntaf mewn gìg yng Nghlwb Tanybont yn ystod wythnos Eisteddfod Caernarfon, a dweud y gwir; am mai nhw oedd yn fy nilyn i ar y llwyfan y prynhawn hwnnw fi gyflwynodd nhw i'r gynulleidfa. Bron i ddeng mlynedd yn ddiweddarach, ac Ail Symudiad a chwmni Fflach wedi'u hen sefydlu, fe ofynnodd y bois a hoffen i ryddhau fy nghaneuon gyda nhw. A dyna fu. Ond gan 'mod i ddim eisiau mynd yn bell o adref fe benderfynais i beidio â theithio i Aberteifi i recordio, ond yn hytrach aros yn lleol a recordio yn Stiwidio'r Efail, sef stiwdio Myfyr Isaac ger y Bont-faen. Consierto o gyfnod felly. Y symudiad cyntaf – symud o Sain. Yr ail symudiad – ie! Symud at gwmni Fflach! A'r trydydd symudiad – dechrau perthynas gerddorol agos gyda Myfyr Isaac, perthynas sy'n parhau hyd y dydd heddiw.

'Syrthio mewn cariad drachefn' oedd y gyntaf o ddwy gân i mi eu cyfansoddi i Meilir ar yr albwm newydd, a'r gân gyntaf i ni ei recordio yn y stiwdio. Pan anwyd Lowri a Marged a Meilir fe syrthiais i mewn cariad â nhw yn syth, a hynny cyn dod i'w hadnabod, ond yn achos Meilir, a minnau'n grediniol fy mod i'n mynd i'w golli ar ôl ei waedlif, pan ddechreuodd wella, fe syrthiais i mewn cariad ag e yr ail waith. A dyna yw'r gân, cân oddi wrtho i i fy mab, ond am ryw reswm mi wnes i ei chyfansoddi fel pe bai yn gân serch i ferch, i 'Seren Siw'. Pam? Dim syniad. Dyna sut ddaeth hi ma's o'r gitâr. Yn rhyfedd iawn, ymhen rhyw ddegawd fe gyfansoddodd un o f'arwyr, James Taylor, gân i'w frawd gan sôn amdano fel 'hi' yn lle 'fe'; doedd James Taylor ddim yn gallu esbonio pam chwaith! Mae'n rhaid ei fod e'n rhywbeth i'w wneud â'r ffaith fod y ddau ohonon ni wedi'n geni ar yr un diwrnod! Ffaith!

Yn rhyfedd iawn eto, James Taylor a chylchgrawn Cymraeg oedd yn gyfrifol am yr ail gân i Meilir, er, wnes i ddim sylweddoli 'mod i wedi ei chyfansoddi iddo fe nes i mi ei pherfformio mewn cyngerdd yn Llanilltud Faerdre. Wrth ddarllen y cylchgrawn *Llafar Gwlad* fe welais i lun o long o'r enw'r *Oregon*, llong oedd yn teithio o Gymru i bellafoedd byd, ac fe arhosodd yr enw gyda mi. Yna, wrth ddarllen hunangofiant James Taylor fe ddysgais fod ei deulu wedi bod yn forwyr yn ogystal â theiliwrs, ac mae'n sôn am y stormydd roedd y morwyr wedi'u hwynebu. Daeth y ddwy elfen at ei gilydd ac fe gyfansoddais gân o'r enw'r 'Oregon Fach', cân rown i'n meddwl oedd yn sôn am griw o Gymry yn dianc i fyd newydd er mwyn cael rhyddid i fyw eu bywyd yn ôl eu dymuniad. Maen nhw'n cael eu dal mewn *Cape Horner* o storm, ond serch hynny maen nhw'n llwyddo i gyrraedd harbwr diogel yr ochr draw i'r cefnfor. Stori syml. Ond wrth ei chanu y noson arbennig yna'n Llanilltud fe sylweddolais taw canu am yr hyn ddigwyddodd i Meilir oeddwn i go iawn, a sut lwyddon ni fel teulu i oroesi'r storm a chyrraedd y lan yr ochr draw. Roedd e mor amlwg, fe fethais ei weld. Ond doedd dim modd peidio gweld yr hyn oedd yn digwydd ar draws y byd y flwyddyn honno, a dyna oedd cynnwys caneuon eraill y casgliad – *Un Byd*.

Roedd 1989 yn dipyn o flwyddyn. Fe gododd y myfyrwyr yn Sgwâr Tiananmen i wrthwynebu Llywodraeth Tsieina mewn dull di-drais, bu ymladd ffyrnig rhwng byddin Israel a phobol Palesteina yng nghysgod muriau Jeriwsalem, roedd 'na si yn dod o Dde'r Affrig bod posibilrwydd y byddai Nelson Mandela'n cael ei ryddhau, ac yn Alaska fe drawodd y llong olew anferth, yr *Exxon Valdez*, graig yn y môr gan ollwng dros ddeg miliwn o alwyni o olew i'r dŵr. Effeithiwyd ar fil o filltiroedd o'r arfordir gan achosi niwed difrifol i fywyd gwyllt yr ardal. Collwyd tua dau gan mil o adar y môr, dwy fil o ddyfrgwn, cannoedd o forloi ac orcas, a dau gant pedwar deg saith o eryrod. Doedd dim modd gwybod faint o bysgod y môr a laddwyd na faint o niwed a wnaed i fyd natur. Dyna gefndir y gân 'Un Byd', ac roedd y fersiwn gyntaf ohoni yn rhestru'r holl ffeithiau ac ystadegau uchod. Ond er mor arwyddocaol ac erchyll oedd yr ystadegau hynny, do'n i ddim yn teimlo fod y gân yn gweithio, roedd hi'n gwbwl amhersonol rywsut, felly fe gafodd fynd i'r bin, a dechreuais i eto, gan ganolbwyntio'r tro hyn ar y ddelwedd a welais i ar y newyddion, sef yr wylan wen oedd bellach yn ddu gan olew. Yr wylan felly sy'n canu'r penillion, a'r byd sy'n canu'r gytgan gan ymbil ar ddynoliaeth i adael iddo fod, a'i barchu, gan ofyn y cwestiwn: pam nag y'n ni'n gweld y dinistr ry'n ni'n ei greu? Yn anffodus, mae'n gwestiwn sydd yr un mor gymwys heddiw ag yr oedd ym 1989. Pryd ydyn ni'n mynd i sylweddoli mai 'Un Byd sydd gyda ni', dwedwch?

10.

Hedfan yn Uwch na Neb

Ti'n sychu'r gwydrau am un ar ddeg,
Ti'n dal i gwyro'r byrddau am un.
Ti'n troi dy ben i ffarwelio â phawb,
Am ddau ti ar dy ben dy hun.
Cerdded a cherdded a cherdded,
Heb bwrpas ond i leddfu'r lo's.
Cerdded a cherdded a cherdded
I ddiosg unigrwydd y nos.
Ond yfory, pan ddaw yfory
Trwy'r ffenestri syn,
O yfory, dal yn dynn tan yfory,
Byddi yno dan y golau gwyn
Yn hedfan yn uwch na neb, na neb,
Hedfan yn uwch na neb.
Hedfan yn uwch na neb, na neb,
Hedfan yn uwch na neb.

'Oes unrhyw bwrpas i grafu'r byw talu 'ma
Pan fo bywyd yn profi mor ddrud?'
(Ond mae'n brud i ni gyd.)
Wrth agor dy galon i gariad
'Mond poen sydd yn dy daro o hyd.
'Cerdded a cherdded a cherdded
Heb wybod lle mae'r llwybrau'n troi.'
(Ma' nhw'n troi ac yn troi ac yn troi.)
'Rhedeg a rhedeg a rhedeg,
Heb wybod os dwi'n cyrraedd neu'n ffoi.'
Ond yfory, pan ddaw yfory
Trwy'r ffenestri syn,
O yfory, dal yn dynn tan yfory,
Byddi yno dan y golau gwyn
Yn hedfan yn uwch na neb, na neb ...

Fe gyhoeddwyd y casét *Un Byd* ym 1982 ac fe gafwyd ymateb da iawn, iawn. Gigs da yn y de gan gynnwys un arbennig i mi, yn nhafarn y Lamb yn Nhrecynon, Aberdâr. Noson pan ddaeth Rhian Jones (Aaaaah!) i 'nghlywed i'n canu, a phan ddaeth bachan lleol di-Gymraeg lan ataf i a dweud, 'Sounds really good, butty, sounds like a proper band'!! Ie, 'local boy makes good'! Roedd Radio Cymru'n hoffi'r caneuon hefyd, yn arbennig 'Rhy Hen' a fy nheyrnged i'r Byrds, a chân oedd yn llawn o gysylltiadau i mi – 'Tro! Tro! Tro!'. Nawr, roedd dylanwad y Byrds yn drwm ar Hergest, ac wedi derbyn gwahoddiad i ailffurfio'r band ar gyfer rhaglen deledu o'r enw *Sain y Saithdegau*, fe benderfynais i brynu gitâr drydan newydd – y gitâr a boblogeiddiwyd gan y Byrds (a'r gitâr sydd ar glawr y llyfr hwn) – Rickenbacker 12 tant. Yn yr ymarfer yn y prynhawn fe syrthiodd symbalau Charlie Britton ar ben y gitâr, ond yn wyrthiol gafodd e ddim niwed (y gitâr, hynny yw, nid Charlie!), ac ar y noson fe jingl-janglodd y Rickenbacker ei ffordd trwy berfformiad Hergest wrth ddathlu dyddiau da'r 70au.

Felly, roedd y gitâr Byrdsaidd gen i, beth nesa? Wel! (Canolbwyntiwch nawr!) 'Nôl yn y 60au fe recordiodd y Byrds gân gan Pete Seeger o'r enw 'Turn! Turn! Turn!'. Hefyd yn y 60au, recordiwyd yr un gân gan Gymraes ifanc o'r enw Mary Hopkin. Fe gyfieithwyd y geiriau i'r Gymraeg gan Eic Davies. Trodd 'Turn! Turn! Turn!' yn 'Tro! Tro! Tro!'. Iawn, 'nôl â ni i'r Lamb yn Nhrecynon. Rhyw ganllath o'r dafarn mae theatr y Coliseum. Yn y Coliseum mi rown i, fel aelod o barti drama Aelwyd yr Urdd, wedi perfformio dramâu neb llai nag Eic Davies. A dyna'r cylch yn gyfan. Gyda'r gitâr Rickenbacker 12 tant, geiriau Eic Davies, a'r awydd i dalu teyrnged i sain y Byrds wnaeth ddylanwadu ar Hergest 'nôl yn y 70au, fe recordiais 'Tro! Tro! Tro!'.

Geiriau cynta'r gân yw 'Amser i eni a marw'n ddi-au, amser i wên ac amser i wae', a dyna oedd ein hanes ni fel teulu ar ddechrau'r 90au. Rown i wedi colli fy nhad cyn geni ein trydydd plentyn, Marged, ac yna bu farw fy mam. Ar ben hynny fe drawyd Meilir yn wael eto, ac fe'i rhuthrwyd i'r ysbyty gyda septisemia, ac fe ddatblygodd epilepsi. Wedi dychwelyd o Ysbyty'r Waun yng Nghaerdydd fe ddechreuodd cyfnod newydd eto, cyfnod o adennill y sgiliau roedd e wedi'u colli, ond diolch i'r drefn, fe ddaeth drwyddo drachefn. Roedd gwendid amlwg o hyd ar ochr dde'r corff, ac roedd ei sgiliau siarad yn brin, ond roedd yn gwella, roedd yn gwella. Nid am y tro cyntaf, fe dynnwyd y gwynt o'm hwyliau, a do'n i ddim yn teimlo bod gen i'r egni i gynnal band yn ystod y cyfnod yma. Rown i am adael llonydd i gerddoriaeth am sbel, ond doedd cerddoriaeth ddim am adael llonydd i mi. Fe ganodd y ffôn rhyw fin nos, a phwy oedd yno ond fy hen gyfaill Emyr Wyn. Roedd Mynediad am Ddim yn brin o gitarydd, o'n i ar gael? Nawr, doedd hyn ddim yn sefyllfa gwbwl newydd, ond doedd e heb godi ers tua ugain mlynedd.

Ym 1972 y cwrddais i ag Emyr gynta, a hynny yn Neuadd Ceredigion, Aberystwyth. Yno hefyd roedd Robin Evans, tenor a chanwr cerdd dant hyfryd iawn. Bues i'n chwarae rygbi gyda'r ddau yn ystod fy mlynyddoedd coleg, a hefyd yn cystadlu ar y parti gwerin a cherdd dant yn yr Eisteddfodau Rhyng-golegol dan arweiniad dau athrylith, Nan Elis a Gareth Mitffordd. Ennill oedd hanes y parti gwerin bob blwyddyn a dweud y gwir. Elfed Lewys oedd y beirniad bob tro, ac roedd Elfed yn dwli clywed criw o fois yn ei morio hi. A chredwch chi fi, mi rown ni'n gallu ei morio hi, achos roedd yna leisiau da gyda'r criw. Yn '73 fe gyrhaeddodd Graham Pritchard y coleg ac yna Peter Jones, ac fe sefydlwyd Mynediad am Ddim yn '74, a bois Mynediad a mi a chwpwl o gantorion eraill oedd y parti gwerin am flynyddoedd. Trosglwyddwyd rhai o'r caneuon gwerin yna i set lwyfan y band. Felly os oedd angen llais neu gitâr ychwanegol ar Mynediad ar ddechrau'r 70au, roedd yna gnoc ar fy nrws yn y coleg, a bant â'r cart oedd hi!

Ymhen hyn a hyn, fe ymunodd Emyr Huws Jones, ac yna Sbardun, â'r band, ac felly doedd dim angen fy ngwasanaeth, tan yr alwad ffôn ar ddechrau'r 90au. Mi rown i ar gael, ac fe gafwyd cyngerdd llwyddiannus. Cafwyd galwad ffôn arall a chyngerdd arall. Ac un arall, ac un arall. Do, aeth y cyngerdd cyntaf yn ail a thrydydd a phedwerydd ac ... yn y diwedd yn bum mlynedd o gyngherddau ar hyd a lled y wlad, a'r rhan fwyaf ohonyn nhw mewn ysguboriau! Os gwelais i hanner siediau'r wlad hon wrth gyfarwyddo'r rhaglen deledu *Noson Lawen*, fe welais i'r hanner arall wrth ganu gyda Mynediad! Sieds mawr, sieds bach, sieds glân, sieds brwnt, a dweud y gwir pob math o sied oedd ar gael, ac fe ganon ni ar lawr, ar bêls ac ar dreilers. A phan nad oedden ni mewn sieds, yna roedden ni mewn neuaddau pentref. Rhai mawr, rhai bach ... sdim angen dweud mwy! Ac yn amlach na pheidio byddai'r unigryw Mr Dewi Pws Morris yn agor y noson. Sôn am orfod canu trwy ddagrau o fwynhad ac embaras ... ond sbort! Pum mlynedd o joio, jest beth o'n i angen – diolch, bois.

Fe ges i alwad ffôn arall yn ystod cyfnod Mynediad, galwad annisgwyl a dweud y lleiaf. Y cyfarwyddwr ffilm a theledu Dic Lewis oedd ar y ffôn, yn cynnig rhan i mi mewn drama newydd o'r enw *Halen yn y Gwaed*. Fy ymateb oedd diolch o galon, Dic, ond na. A dyna fu, nes i fy hen gyfaill a 'nghyd-Aberdarwr Gwyn Hughes Jones godi'r ffôn a cheisio fy mherswadio i dderbyn. Roedd hi'n rhan berffaith i mi, medde fe, rhan canwr gwlad o'r enw Tex, oedd yn rhan o ddeuawd, ac felly yn cael canu gyda Linda Jenkins. Diolchais eto, ond gwrthod. Aeth pythefnos heibio cyn yr alwad nesaf. Dic Lewis eto, ond y tro 'ma fe wrthododd roi'r ffôn i lawr nes imi gytuno i roi cynnig arni. (Mmmm, nawr 'te, beth yw'r gair dwi'n chwilio amdano? O ie, camgymeriad!) Cytunais! Mae'n wir y bues i'n gwneud peth actio yn yr ysgol a gyda'r Aelwyd, a bues i'n rhan o gynhyrchiad o *Lladd wrth yr Allor* ar gwrs Cymraeg a Drama yng Ngerddi Dyffryn. A dweud y gwir, dwi'n dal i gofio un o'm llinellau – 'Ymwrthodwch â'r gallu a drawsfeddianasoch!' A gwrando ar y llais bach yna yn 'y mhen oedd yn dweud 'Na' ac ymwrthod ddylen i wedi fod wedi'i wneud, ond wnes i ddim. 'Na fe, o leia alla i ddweud 'mod i wedi 'actio' gyda William Huw-Thomas ... a gafael yn ei *cojones* e! (Peidiwch â gofyn!) Mae'n rhaid i mi gyfaddef, roedd yn brofiad diddorol, ac mi ddysgais i wers bwysig iawn, iawn wrth wneud – mai tu ôl i'r camera mae fy lle!

Cyfarwyddais gyfres arall o *Hapus Dyrfa* i Matinée a chyfres *Y Ferch Drws Nesa*, ac yna llu o raglenni plant i gwmni Apollo, yn cynnwys *Tŷ Chwith*, *Mr Morgan*, *Bwgan* (a fu ar restr fer BAFTA UK), gyda'r amldalentog Iwan John, ac *ABC* gyda'r 'Meilyr Siôn arall', fel mae'n cael ei adnabod yn tŷ ni, a'r hyfryd Lisa Victoria. Yn yr un cyfnod daeth fy nhymor gyda Bobath Cymru i ben a throsglwyddwyd y gwaith o godi arian i ddwylo proffesiynol, a da o beth oedd hynny, achos dwi ddim yn meddwl y byddai'r ganolfan wedi gallu llwyddo heb y trosglwyddiad yna. Mi fydda i'n edrych 'nôl ar fy nghyfnod gyda Bobath gyda balchder. Fe lwyddodd criw bach ohonon ni i godi canolfan therapi angenrheidiol i blant oedd â pharlys yr ymennydd. Ar lefel bersonol, fe ges i gwrdd â llu o gymwynaswyr wrth drefnu digwyddiadau codi arian – pobol fel Bleddyn Bowen, Ieuan Evans, Jonathan Davies, ac un o fy mhrif arwyr, Phil Bennett, a gytunodd i gefnogi lawnsiad wnes i ei drefnu i Bobath draw yng Nghaerfyrddin. Tua'r un pryd mi fues i'n gadeirydd pwyllgorau lleol i godi arian i'r Eisteddfod Genedlaethol ar ei hymweliadau mynych â'r brifddinas, ac yn gadeirydd Pwyllgor Rhieni ac Athrawon Ysgol Melin Gruffydd tra buodd y plant yna. Rown i'n fwy na bodlon i wneud y gwaith i'r pwyllgorau 'ma achos roedd gen i gyd-weithwyr heb eu hail, a gawson ni lwyth o nosweithiau da yn codi arian yng nghwmni pawb o'n i'n digwydd nabod. O fy nghefnder Max Boyce i Mynediad am Ddim a'r Hennessys; o actorion S4C i gyflwynwyr Radio Cymru a Radio Wales. Doedd dim dianc os oedd y rhif ffôn angenrheidiol yn fy llyfr bach coch!

Ar ôl pum mlynedd gyda Mynediad fe gododd yr awydd i recordio eto. Bues i'n cyfansoddi peth yn ystod 'Blynyddoedd y Sied'! Ac roedd yr ysbrydoliaeth ar gyfer y caneuon hynny wedi dod o le annisgwyl, sef fy niddordeb mewn ffotograffiaeth. Bues i'n tynnu lluniau erioed – dim rhai da, dwi'n prysuro i ddweud – ac ers geni'r plant, wel, dim ond lluniau o'r plant a ffrindiau'r plant a gweithgareddau'r plant! Serch hynny, rown i'n dal i brynu llyfrau a chylchgronau oedd yn cynnwys lluniau da gan ffotograffwyr da. Lluniau fel rhai Mike Moore o blant Sierra Leone yn eu harddegau cynnar, yn cario gynnau Kalashnikov ac yn edrych yn syth i lygad y lens. Y rhain oedd plant y chwyldro yn y wlad, ond doedden nhw ddim yn blant bellach, roedd eu diniweidrwydd a'u hieuenctid wedi'u dwyn. Dyna oedd ysbrydoliaeth y gân 'Plant y Chwyldro'. Llun o ferch ifanc cenedl gyntaf Awstralia oedd ysbrydoliaeth 'Nos ar Alis'; llun o ddau gariad, un Iddew ac un Palesteiniad, oedd ysbrydoliaeth 'Rhosyn Saron'; llun Sebastião Salgado o weithwyr gwaith mwyn Serra Pelada oedd 'Glas', a llun a welwyd ar flaen pob papur newydd ar draws y byd, un o luniau mwyaf eiconig yr ugeinfed ganrif o un o ddynion mwyaf eiconig yr ugeinfed ganrif, ysbrydolodd y gân 'Mandela'. Llun ohono'n rhydd o'r carchar, a'i law yn estyn i fyny a'i ddwrn ynghau a'i wên lydan yn dwcud y cyfan. Dwi'n cofio gwylio'r digwyddiad ar y teledu, ac wrth ei weld yn cerdded i lawr yr heol fe ddaeth dagrau i'm llygaid a chytgan i 'mhen. Ydy, weithiau mae cyfansoddi mor rhwydd â hynny, ond ddim yn aml. Pum llun a phum cân. Roedd hanner y casgliad yn barod. Ymhlith y caneuon eraill ar y CD mae cân i Marged, fy merch, sef 'Dim ond y Gorau i Ti', a chân o'r enw 'Hedfan yn Uwch na Neb', deuawd a roddodd gyfle imi ganu unwaith yn rhagor gydag un o fy hoff gantorion, sef Linda Griffiths. Dwi'n cofio'r tro cynta imi ei chlywed yn canu. Rown i'n eistedd wrth y fynedfa mewn neuadd bentref rywle yn sir Drefaldwyn gyda 'nghyfeilles Meinir Wyn, pan glywais i'r llais yma. Rown i'n gwybod 'mod i'n gwrando ar lais hollol naturiol, hollol draddodiadol, a chwbwl unigryw. Braint oedd ei chael i ganu gyda fi y tro cyntaf ar y casét *Mwgyn a Mwffler*; braint 'neilltuol', fel byddai Owa Wil wedi'i ddweud, oedd ei chael yr ail dro.

Cân am gantores ifanc yn ei chael hi'n anodd cael dau ben

llinyn ynghyd yw 'Hedfan yn Uwch na Neb'. Mae hi'n gweithio mewn tafarn, ac wedi cwpla ei shifft yn oriau mân y bore, mae'n cerdded sha thre yn isel ac yn unig; mae wedi blino, mae ei bywyd yn galed, ond mae'n dal yn dynn yn y gobaith mae yfory'n ei gynnig, achos yfory bydd hi ar y llwyfan o dan y golau gwyn yn canu, a'r canu sy'n rhoi nerth iddi i ddal ati.

Ôl-nodyn:
Chafodd y gân fawr o sylw ar y radio pan ryddhawyd y CD, a hynny am reswm anarferol. Wythnosau wedi'i chyhoeddi fe hedfanodd yr awyrennau i mewn i'r tyrau yn Efrog Newydd, ac yn sgil 9/11 doedd dim modd chwarae cân o'r enw 'Hedfan yn Uwch na Neb' ar y radio.

11.

Bydd y Byd i Gyd yn Gwrando

Fesul un ac un fe ddaethoch,
Nawr chi fel sêr.
Gorwel o oleuadau, a'ch trefedigaethau blêr.
Yn y bore bach fe glywsom
Ddwndwr eich drylliau a'ch grym.
Chwalwyd y plant 'da'r pentref,
Gadawyd y gweddwon heb ddim.

Llygad am lygad,
Nes golloch chi y gallu i weld
Bod y gwaed sy'n llifo i'r tir yma'n
Gwenwyno'r ffynhonnau mewn sbel.
Ond ma' popeth yn troi mewn cylchoedd,
O'r wawrddydd hyd y machlud mwyn,
Cawn yn ôl yr hyn a gollwyd,
Cawn yn ôl yr hyn a gafodd ei ddwyn.
A bydd y byd i gyd yn gwrando.

Fe gymroch chi ein rhyddid,
Cewch ein cyrff cyn bo hir.
Ffiniau a ffaldiau,
A chithau'n troedio'n dal ar ein tir.
Ond yma mae'n heneidiau,
Yma mae ein drwg a'n da.
A dwi'n dweud wrth eich duw dialgar,
Yma fe wasgerir ein had.
A bydd y byd i gyd yn gwrando.

Daeth blwyddyn newydd, daeth canrif newydd, a daeth mileniwm newydd, a'r sôn a'r pryder am gyfrifiaduron yn peidio â gweithio, a chwmnïau'n mynd i'r wal, ac awyrennau'n syrthio o'r awyr! Yn ffodus, ddigwyddodd dim o hynny, a'r dathlu gymerodd sylw'r byd. Yn anffodus, cyn pen y flwyddyn, awyrennau yn yr awyr gymerodd sylw'r byd i gyd. Roedd fy mam a 'nhad yn perthyn i genhedlaeth oedd yn cofio lle'r own nhw ar D Day a VE Day. Cofio lle'r own i pan gafodd Kennedy ei saethu, Aberfan, a rhyddhau Nelson Mandela ydw i, ac yna ar ddechrau'r milflwydd newydd, cofio yn gwmws lle'r own i ar 9/11.

Yng Ngherddi Dyffryn yr oeddwn i y bore hwnnw yn cyfarwyddo dau byped. Wel na! Nid y pypedau, ond yr actorion oedd yn gweithio'r pypedau! Roedd yna chwerthin mawr a theimlad da ymysg y criw, pan gyrhaeddodd Lisa Victoria gyda'r newyddion bod 'na ddamwain erchyll wedi bod, ac awyren wedi hedfan i mewn i un o'r Twin Towers. Roedd pawb yn syfrdan, wrth gwrs, a finnau'n ymwybodol bod plant rhai o'n ffrindiau agosaf wedi bod yn un o'r tyrau yr wythnos gynt. Pan drawodd yr ail awyren fe newidiodd yr awyrgylch yn y gerddi yn llwyr; doedd dim posib mai ar ddamwain y digwyddodd hyn. Fe dorrwyd am ginio cynnar gan anelu am y teledu agosaf a'r newyddion, ac yno buon ni yn syllu'n syn ar y sgrin. Ffonio adre, ffonio ffrindiau, roedd pawb yn gwylio, roedd y byd i gyd yn gwylio. Fe gyfansoddais i ddwy gân yn dilyn y drychineb, 'Dal i Grio' a 'Nyth Angylion'. Fe ges i gyfle i ganu'r ddwy gân ar ddechrau'r milflwydd, ond fe gefais i gyfle hefyd i ganu a bod yn rhan o berfformiad o waith grymus iawn gan gyfansoddwr arall a effeithiwyd gan 9/11, sef Karl Jenkins.

Rown i wedi cwrdd â Karl 'nôl yn y 70au pan oedd e'n teithio gyda'i fand Soft Machine. Roedd Jim O'Rourke yn Llywydd yr Undeb yn Aberystwyth ar y pryd, ac yn awyddus i gantorion Cymraeg berfformio ochr yn ochr â'r artistiaid o bedwar ban oedd yn dod i'r coleg. Felly fe ges i agor y noson i fand *prog rock* Karl, a chael benthyg ei biano (chware teg iddo!). Ddeng mlynedd ar hugain yn ddiweddarach, a minnau'n canu gyda Chôr Caerdydd, dan arweiniad Gwawr Owen, fe ddaeth cyfle i berfformio gwaith Karl, *The Armed Man: A Mass for Peace*, yn Neuadd Dewi Sant, Caerdydd, gydag aelodau o gôr a fyddai'n dod yn adnabyddus fel Only Men Aloud, cerddorfa lawn, uned offerynnau taro sylweddol a Karl ei hun yn arwain. Fe drefnodd Hefin Owen, brawd Gwawr, gefnlen o luniau o ryfeloedd a thrychinebau'r byd, gan gynnwys yr eiliadau pan ffrwydrodd y bom ar Hiroshima, a phan hedfanodd yr awyrennau i mewn i'r tyrau yn Efrog Newydd. Roedd y delweddau ar y sgrin enfawr y tu ôl i ni'r côr, ac fe'n siarsiwyd ni i beidio ag edrych arnyn nhw yn ystod y perfformiad. Felly gweld ymateb y gynulleidfa oedden ni, eu hymateb i'r gerddoriaeth, ond hefyd eu hymateb i'r delweddau dirdynnol y tu ôl i ni. Roedd e'n un o'r cyngherddau ac un o'r profiadau mwyaf emosiynol i mi fod yn rhan ohono erioed. Fe gefais i'r fraint o berfformio gyda'r côr am sawl blwyddyn, a chanu yn y Festival Hall ac yn Neuadd Albert gyda Bryn Terfel, a thramor ym Mharis a'r Eidal, ond doedd y llais ddim yn ddigon cryf i ganu'n gall gyda chôr a chanu gyda band, felly yn anffodus bu raid imi roi'r gorau i'r côr. Ond doedd fy mherthynas i â Bryn Terfel heb ddod i ben, achos yn 2004 fe ges i ddychwelyd i'w ŵyl yn y Faenol er mwyn rhoi ffarwél olaf i Hergest.

Er taw ym 1978 y daeth y band i ben mi rown ni rywsut wedi llwyddo i berfformio bob rhyw ddwy flynedd ers hynny, ac roedd hwn yn gyfle da i roi'r band gwreiddiol at ei gilydd er mwyn dweud 'Nos da ichi, Gymry' am y tro olaf. Ar y llwyfan y noson honno roedd y pedwar aelod gwreiddiol, sef Elgan, Geraint, Derec a minnau, gyda'n ffrindiau bore oes John Griffiths a Charlie Britton ar y bas a'r drymiau, a dau gerddor a chyfaill oedd yn aelodau o fy mand i, Geraint Cynan ar yr allweddellau, ac Ian Lawrence ar y gitâr, y mandolin a'r troedol dur, neu *pedal steel* yn Gymraeg. Doedd Hergest erioed wedi swno gystal ar lwyfan, ac mi gawson ni noson gofiadwy o flaen y dyrfa o filoedd. Ffarwél teilwng olaf! Wel ... dim cweit! Cwpwl o wythnosau'n ddiweddarach fe ddaeth Cefin Davies, Fflach ar y ffôn a gofyn a fyddai Hergest yn fodlon perfformio yn noson ymddeol Des Davies. Nawr, rown i'n nabod Des a Helen ei wraig ers degawdau, a hynny oherwydd eu gwaith diflino gyda'r Aelwyd yng Nghrymych. Fe ddwedais i yn gwbwl bendant ar ôl y noson yn y Faenol na fyddai Hergest yn perfformio eto, ond allen i ddim â gwrthod noson i Des, achos mae pobol fel Des yn halen y ddaear, a'u cyfraniad yn amhrisiadwy. Felly, rwy'n fwy na balch o ddweud mai yng Nghas-blaidd yn sir Benfro, yn talu teyrnged i Des, y perfformiodd Hergest am y tro olaf, ac yn rhyfedd iawn ... doedd dim niwl ar fryniau Dyfed ar y ffordd adre y noson honno.

Daeth blynyddoedd Hergest i ben, a daeth fy mlynyddoedd i o weithio i S4C i ben. Bu tensiynau ers tro, a minnau wedi colli unrhyw barch oedd gennyf tuag at sawl un oedd yn gweithio yno. Pan ddechreuais i weithio fel cyfarwyddwr llawrydd roedd yna weledigaeth ac urddas a rhuddin gan bobol fel Owen Edwards ac Emlyn Davies a'u tebyg. Ond erbyn y cyfnod yma, yn fy ngolwg i beth bynnag, roedd y rhinweddau hynny wedi diflannu. Cwmpo ma's dros gomedi ddaeth â phethau i ben, gyda'r bygythiad cyfarwydd 'gei di byth weithio i ni eto'. Wel, beth o'n i'n mynd i'w wneud nawr? Yn y byd teledu rown i wedi gweithio ers chwarter canrif; doedd gen i ddim cymwysterau eraill, nac unrhyw awydd i fynd i feysydd eraill, ond dyna fyddai'n rhaid i mi ei ystyried. Aeth misoedd heibio heb lwyddiant, cyfweliadau fan hyn, fan draw, ond dim golwg o swydd; yna fe ges i alwad ffôn oddi wrth y BBC, neu'n gywirach oddi wrth *Pobol y Cwm*. Os gofiwch chi, canlyniad galwad ffôn Emyr Wyn oedd pum mlynedd o gyngherddau gyda Mynediad am Ddim; wel, canlyniad yr alwad oddi wrth *Pobol y Cwm* oedd ugain mlynedd o waith yng Nghwmderi.

Ac fel pe bai dwy alwad ffôn arwyddocaol ddim yn ddigon, fe ddaeth yna drydedd – oddi wrth gwmni teledu Presentable y tro hyn, a'r cynnig i weithio ar gyfres o'r enw *Common Ground* gyda fy nghyfaill hoff Roy Noble. Y bachan o'r Gwter Fawr, neu Frynaman i roi ei enw swyddogol iddo, oedd wedi symud i Aberdâr ers blynyddoedd, ac felly, yn ogystal â'r ffaith i ni weithio gyda'n gilydd ar *Hapus Dyrfa*, roedd yna bellach gysylltiad daearyddol rhyngon ni. Roedd ein cefndir a'n synnwyr digrifwch yn debyg, a wir, mwynhad pur oedd cydweithio gydag e eto. Fe deithion ni ar draws y de, i'r cymoedd dwyreiniol a gorllewinol, ac i bellafoedd Gwent a Dyfed. Pobol oedd calon y rhaglenni, pobol a'u profiadau a'u straeon, a Roy yn tynnu'r gorau o bawb. O'r holl raglenni amrywiol wnaethon ni, dwi'n cofio tair yn arbennig. Y gyntaf – trip bws y Stiwt, o Aberpennar i Borthcawl. Llond bws o bobol leol yn mynd am y dydd i lan y môr, i greu cylch o *deckchairs* ar y traeth, bwyta brechdanau llawn tywod, padlo'n y môr, sgrechen yn y ffair, hel atgofion am dripiau a fu (ac roedd hynny'n cynnwys gyrrwr y bws, y fenyw gyntaf i yrru bws y ffordd anghywir o gwmpas y Place de la Concorde ym Mharis!!), hufen iâ yn Fulgoni's, a physgod a sglods ar yr Esplanade cyn bwrw am adre wedi blino'n shwps. Joio! Diwrnod da, a diwrnod ddaeth ag atgofion lu yn ôl i mi.

Roedd mynd ar y bws i Borthcawl yn brofiad cyfarwydd iawn i fi, am mai i'r fan honno rown ni fel teulu yn mynd ar ein gwyliau bob blwyddyn, a hynny ar ddechrau mis Awst, sef yr hyn oedd yn cael ei alw'n 'Miners' Fortnight'. Ar fore Sadwrn mi fyddai fy mam a 'nhad a 'mrawd a mi yn mynd gyda'n cesys brown naill ai ar fws y Red and White neu'r Western Welsh am bythefnos yn yr haul. Wel, dyna oedd y gobaith! Byddai fy nhad yn dychwelyd i Aberdâr ar y nos Iau er mwyn gweithio'r dydd Gwener a'r Sadwrn, ac yna'n dychwelyd i Borthcawl fore dydd Llun, a gwneud yr un peth ar ddiwedd yr ail wythnos. Beth bynnag, un flwyddyn arbennig o wlyb, a Dad wedi mynd sha thre i weithio, a'r tri ohonon ni wedi diflasu ar y glaw, dyma benderfynu gwneud rhywbeth bach yn wahanol. Felly, y bore canlynol dyma godi'n gynnar, mynd lawr at y ffair yn Coney Beach, a dal bws arbennig gyda'r arwydd 'Mystery Trip' yn glir ar y blaen. Antur!

Cael sedd dda, a bant â ni. Gadawon ni Borthcawl a mynd i gyfeiriad Castell-nedd ac Abertawe, a Mam yn meddwl falle'n bod ni'n mynd i'r Gŵyr; ond na, dyma droi i gyfeiriad Cwm Llynfi – ai ai, falle'n bod ni'n mynd i Faesteg, ond ymlaen yr aeth y bws a chodi o'r cwm a dros y top ac i'r Rhondda. Jiw, falle'n bod ni'n cael mynd i ryw gyngerdd hafaidd yn y Parc and Dare, neu lawr i Ynys Angharad. Na, codi eto o'r cwm, a'r tri ohonom yn dechrau amau ein bod ni'n gwybod yn iawn lle'r oedd y daith ddirgel yma'n cwpla; a wir, wrth ddod lawr y Rhigos dyma'r gyrrwr yn cyhoeddi ein bod ni bron â chyrraedd pen y daith – parc hyfryd Aberdâr. Wir i chi! Be wnaethon ni? Wel, galw yn siop Dad i ddweud yr hanes, mynd sha thre i gael dishgled o de, cerdded 'nôl lan i'r parc i brynu hufen iâ cyn dychwelyd ar y bws i Borthcawl. Ie, diwrnod i'w gofio, ac roedd y diwrnod gyda phobol Stiwt Aberpennar yn ddiwrnod i'w gofio hefyd, ond ddim cystal â'r diwrnod ges i gyda Roy pan aethon ni i recordio rhaglen ym Majorca, gan gwrdd â'r anfarwol Neddie Seagoon, neu fel mae'r rhan fwyaf o bobol yn ei nabod, Syr Harry Secombe.

Ym Majorca er mwyn ei iechyd yr oedd Syr Harry, ac fe gawson ni groeso twymgalon ganddo ef a'i wraig Myra. Wedi recordio'r cyfweliad gyda Roy fe gawson ni de, a'r bara brith roedd Myra wedi'i archebu yn arbennig o Abertawe – 'O! I couldn't be without my *bara brith*' oedd ei geiriau. Yna, y profiad anghymharol o wrando ar Syr Harry yn adrodd straeon am y Goons a Spike Milligan – athrylith cymhleth yn ôl Syr Harry. Soniodd am Spike yn dod draw i gwrdd ag e mewn caffi yn Palma, yna ar ôl sgwrsio am ryw awr, diflannu heb unrhyw rybudd cyn bod y bil yn cyrraedd! Yna fe rannodd hanes arbennig am olygfa eiconig yn y ffilm *Oliver*. Roedden nhw newydd gwblhau ffilmio'r gân 'Food, glorious food' a'r olygfa lle mae Oliver yn cerdded lawr rhwng y bechgyn i gyd i ofyn am fwy. Ond roedd rhyw broblem, meddai'r cyfarwyddwr, a danfonwyd Oliver oddi ar y set. Cafwyd toriad hir, a phawb yn disgwyl i Oliver ddychwelyd o'r adran golur i lawr y stiwdio. Roedd Syr Harry, sef Mr Bumble, yn barod ac yn disgwyl amdano. Ymhen hir a hwyr fe ddaeth, ac roedd popeth yn barod. 'Action!' Mae Oliver yn cerdded gyda'i fowlen. Mae Mr Bumble yn gwgu. Mae Oliver yn cyrraedd y blaen. Mae'n estyn ei blât. Mae'n ynganu'r geiriau enwog 'Can I have some more?' Mae Bumble yn taranu'r ateb 'MORE!!' ac yna'n gafael yng nghlust Oliver. Beth ddigwyddodd nesa? Daeth y glust bant yn ei law!! Roedd yr adran golur wedi rhoi clust brosthetig i Oliver heb ddweud wrth Syr Harry; bu bron iddo lewygu yn y fan a'r lle!! Fe rannodd y stori, ac fe rannodd y chwerthiniad enwog yna wrth i Myra rannu'r bara brith. Fe rannwyd sawl stori arall, a minnau'n teimlo fel tasen i'n eistedd wrth draed Gamaliel (gwglwch e!). Aeth amser yn drech na ni a bu raid ffarwelio, ond bydd y diwrnod hwnnw yng nghwmni'r Goon o Gymro yn aros yn hir iawn yn y cof.

Beth oedd y drydedd raglen? Wel, credwch neu beidio, rhaglen am siediau! Ie, rown i 'nôl mewn siediau eto. Ond fe arweiniodd y sied yma at drip i westy moethus, wrth i Roy dderbyn enwebiad ar restr fer y 'Best Presenter' gan y Royal Television Society. Felly, bant â ni i Lundain ac i ganol y sêr yn y Dorchester. Mae'n rhaid i mi gyfaddef, roeddwn i'n disgwyl bach o safon, bach o foethusrwydd yn y fath westy, ond ystafelloedd cyffredin gawson ni a bwyd cyffredin i ddilyn. Ond roedd hi am fod yn noson anghyffredin, achos do, fe 'nillodd Roy, ac fe ges i mensh o'r llwyfan am fy nghyfarwyddo. Wel, os do fe! *Chuffed* neu beth?! Yna, wedi'r gwobrwyo fe gawson ni gyfle i gymysgu gyda'r enwogion cyn clwydo'n fodlon rhwng cynfasau anghyfforddus ond drudfawr y Dorchester.

Os oedd rhaglen Roy yn gyfrifol am roi profiadau gwaith cofiadwy i mi, Roy ei hun oedd yn gyfrifol am f'arwain at gymeriad fyddai'n ganolbwynt i fy nghryno-ddisg nesaf. Dros ginio yng Nghanolfan y BBC yn Llandaf (sydd bellach, fel fy ysgol gynradd yn Aberdâr a fy ysgol uwchradd yn Rhydfelen, yn stad o dai), fe soniodd am rai o Gymry nodedig America – y rhai arwyddodd y Declaration of Independence, y Cymro fuodd yn rhan o Frwydr yr Alamo, ac un William B. James, y Cymro Cymraeg oedd yn rhan o'r 7th Cavalry, a fuodd farw gyda George Armstrong Custer ym Mrwydr y Little Bighorn, sef yr enwog Custer's Last Stand.

Rown i'n glustiau i gyd.

Ers 'mod i'n grwtyn bach saith mlwydd oed rown i wrth fy modd gyda'r 7fed Cafalri. Y rhain oedd yr arwyr mawr yn y *matinée* ar fore Sadwrn ym mhictiwrs y Palladium. Nhw oedd yn dod dros grib y bryn i achub y dynion gwynion da (Hwrê!) ac amddiffyn y gwragedd a'r plant (Hwrê!) rhag yr Indiaid Cochion drwg (Bwwww!). Dyna oedd y gwir yn ôl y sgrin seliwloid. Erbyn hyn, wrth gwrs, ry'n ni'n gwybod yn wahanol. Doedd canu caneuon Cymraeg am America ddim yn beth dieithr. Roedd baledwyr y bedwaredd ganrif ar bymtheg yn canu 'Dewch i'r America', ac yn yr ugeinfed ganrif doedd canu am genedl gynta America yn bendant ddim yn beth newydd. Fe ganodd Buffy Sainte-Marie y gân 'Bury my heart at Wounded Knee', fe ganodd Hergest gân o'r enw 'Gwaedd o'r Gorllewin', ac mi gyfansoddodd fy hen gyfaill Tecwyn Ifan gyfres o ganeuon gwych am y Navajo. Ond roedd hanes William B bach yn wahanol. Roedd yr hanes yma'n gosod Cymro Cymraeg yng nghanol un o gyfnodau allweddol America, ac yng nghanol un o fythau mwyaf arwyddocaol y bedwaredd ganrif ar bymtheg – Custer's Last Stand. Brwydr chwedlonol, brwydr enillwyd gan Sitting Bull a Crazy Horse, ond brwydr yn y pen draw ddaeth â bywyd traddodiadol a rhyddid y llwythau brodorol i ben.

Pwy oedd William B. James felly? Wel, brodor o bentref Dinas, sir Benfro, a aeth fel llawer o'i gyd-Gymry i chwilio am fywyd newydd a bywyd gwell yn America. Ym 1871, fe groesodd y môr, fe groesodd y paith, ac fe gafodd ei hun yn Chicago, ac mae'n debyg iddo gael gwaith yno, ond ar Hydref yr 8fed fe ddifethwyd rhan helaeth o'r ddinas yn Nhân Mawr Chicago. Fe gollodd miloedd o bobol eu cartrefi a'u swyddi, ac yn ystod misoedd y gaeaf caled bu cyfnod o dlodi mawr a diweithdra yn y ddinas. Does neb yn siŵr beth oedd hanes William yn ystod y gaeaf yma, ond ar y 5ed o Chwefror y flwyddyn ganlynol fe ymunodd William Batine James â'r 7fed Cafalri. Yn ôl y cofnod milwrol roedd yn 23 oed, pryd golau, 5 troedfedd, 9 modfedd o daldra ac roedd ganddo lygaid gwyrdd. Ymunodd yn '72. Erbyn '75 roedd yn Corporal; erbyn '76 yn Sargeant, ac yn ôl y cofnodion yn 'good soldier, follows orders'. Yn anffodus i William B y milwr da, ar Fehefin y 25ain, 1876, fe dderbyniodd orchymyn gan yr enwog Lt. Colonel George Armstrong Custer i farchogaeth yng nghwmni dau gant o'i gyd-filwyr i ganol 6,000 o Lakota Sioux, Cheyenne, Dakota ac Arapaho. Lladdwyd pob milwr namyn un yn y gyflafan a ddaeth yn enwog ar draws y byd fel 'Custer's Last Stand'. Roedd Custer wedi bod yn arwr yn ystod Rhyfel Cartref America, a thrwy sbin papurau newyddion a phortreadau arlunwyr y cyfnod fe ddaeth yn fwy fyth o arwr. Ond i'r Genedl Gyntaf 'mab y seren fore' oedd e, 'yr un oedd yn ymosod gyda'r wawr', 'melynwallt', a falle yn fwy arwyddocaol, 'y gelyn di-glust', un oedd yn gwrthod gwrando ar eu safbwynt nhw.

Er mai hanes William B. James ysbrydolodd y CD *Chwilio am America*, nid ei hanes ef yn unig sydd ynddo. Hanes mewnfudwr ymhlith mewnfudwyr sydd yma, yn ogystal â hanes cenhedloedd a diwylliannau dan fygythiad, a'r gân sy'n ymwneud â hynny'n uniongyrchol yw 'Bydd y Byd i Gyd yn Gwrando'. Yn naturiol, mae'n sôn am ddyfodiad y dyn gwyn i diroedd y Sioux a'r Arapaho a'r llwythau eraill, a'r dylanwad difaol a gafodd ar eu bywyd, ac mae'r llinellau 'Fesul un ac un fe ddaethoch, nawr chi fel sêr' yn perthyn i un o arweinwyr y llwythau, ond gallai hefyd fod yn sôn am sefyllfa'r mewnlifiad yma yng Nghymru dros y ganrif ddiwethaf. Ond pan own i'n ei chyfansoddi, nid y Sioux na'r Cymry oedd ar flaen fy meddwl ond pobol Palesteina a mewnlifiad yr Iddewon i'w tiroedd. Mae'r gân yn sôn am y 'trefedigaethau blêr', sef y trefedigaethau anghyfreithlon ar y Lan Orllewinol, ac mae'r geiriau 'llygad am lygad' a 'duw dialgar' yn adlais o Iddewiaeth yr Hen Destament. Mae'r addewid yn y llinell 'Cewch ein cyrff cyn bo hir' yn ymateb i'r sefyllfa oedd yn bodoli ac yn datblygu yn y Dwyrain Canol tua degawd yn ôl. Y tristwch pennaf yw bod y sefyllfa hyd yn oed yn waeth erbyn hyn. Serch hynny, mae yna elfen o obaith yn y gân, gobaith ar ran pobol Palesteina y 'cawn yn ôl yr hyn a gafodd ei ddwyn', ond mae yna elfen eironig hefyd, sef y llinell sy'n cynnig y teitl i'r gân, 'Bydd y byd i gyd yn gwrando', achos dyw'r byd i gyd ddim yn gwrando, mae'r byd wedi anwybyddu anghyfiawnder sefyllfa'r Palesteiniaid ers degawdau, a bellach â'r genedl yn gwmws fel llwythau brodorol yr Amerig yn wynebu hil-laddiad, mae'r byd gorllewinol yn dal yn fyddar i bob pwrpas. Does ond gobeithio y bydd yna newid cyn bo hir.

12.

Môr-ladron Maes y Dre

Byrdde ben i waered, a mangl fel llyw,
Pren pys fel cleddyfe i'r lladron a'u llwon yn driw,
Pob awel yn chwythu'n gry' i lenwi nishedon Mam-gu,
A'r dewrion ar y tonne du'n gweiddi 'Westward Ho!'
Tu draw i'r cwtsh glo.
Môr-ladron Maes y Dre,
Môr-ladron Maes y Dre,
Môr-ladron Maes y Dre yn hwylio sha'r de.

Aur Puerto Rico, dyblŵns o dir Sbaen,
Rycso Port Royal yn yfflon cyn hwylio ymlaen
I'r India, a moroedd Japan, heb symud 'run fodfedd o'r fan,
A sherbert a spanish du i gynnal y criw, pob un 'nôl yn fyw.
Môr-ladron Maes y Dre …

Roedd y byd yn troi'n arafach a byw'n rhwyddach bryd 'ny,
A llanw a thrai ein bywyde'n llenwi dwy stryd,
A ro'dd ffrind yn ffrind am oes yn y dyddie diniwed, di-loes,
Pan rannon ni bopeth o'dd 'da ni er bo' 'da ni ddim byd
'Mond breuddwydion a ffydd.
Môr-ladron Maes y Dre …

Ond un wrth un wrth un ma' nhw'n clywed y llais yn galw,
Un wrth un o aelwydydd y mwffler a'r siôl,
Aled ac Aeron a Gwynfryn a Martin a Geraint bach a minne,
Un wrth un ma'r llais yn ein galw ni 'nôl.
Môr-ladron Maes y Dre … yn mynd sha thre.

'O, mae'r blynydde 'ma'n gwibio heibio
Fel dail ar ras afonydd y byd ...'

Dyna linellau agoriadol y gân 'Syrthio mewn cariad drachefn' a dyna sut rown i'n teimlo wrth i 'mhlant wibio trwy'r ysgol gynradd a'r ysgol uwchradd. Os y'ch chi'n darllen hyn o eiriau ac wedi magu tri o blant, yna mi fyddwch chi'n deall yn iawn pan ddweda i mai blynyddoedd o jyglo oedd y blynyddoedd hynny, gyda tacsi Mam a Dad yn mynd i bob cyfeiriad, bob awr o'r dydd a phob dydd o'r wythnos. O wersi ffidil Suzuki am wyth y bore (a dwi'n dal yn methu gwrando ar 'Twinkle twinkle little star' heb wingo!), i wersi telyn a phiano a chlocsio a chanu a nofio a hoci a chyrsiau a thripiau, a rhwng y rhain i gyd yr holi parhaus, 'Odych chi 'di gwneud eich gwaith cartref?' Wrth edrych yn ôl dwi ddim yn gwybod sut lwyddon ni. Oedd 'na fwy na phedair awr ar hugain mewn diwrnod y dyddiau hynny, gwedwch? Bownd o fod!

Amserlen ein merched oedd honna, wrth gwrs. Roedd amserlen Meilir yn gwbwl wahanol, ond gyda chefnogaeth Ysgol Melin Gruffydd, Ysgol Coed y Gof, Uned Anghenion Arbennig Glantaf, criw da o ffrindiau, a chefnogaeth ei chwiorydd trwy gydol ei flynyddoedd ysgol, fe gafodd brofiadau cofiadwy. Trip i Blas Tan y Bwlch, cymryd rhan ym mherfformiadau'r ysgolion, gan gynnwys solo byr (ond allweddol!) yn y sioe *Joseff a'i Got Amryliw*, a'r sioe *Syniad Sam* yn Eisteddfod yr Urdd, Caerdydd, 2002, profiadau mae'n dal i sôn amdanyn nhw ugain mlynedd yn ddiweddarach. Roedd agwedd gynhwysol yr ysgolion a'i ffrindiau yn gwbwl, gwbwl allweddol i'w ddatblygiad addysgol, ond hefyd i'w fwynhad a'i ddatblygiad cymdeithasol, ac roedd hynny yn achos Meilir yr un mor bwysig, ac mae'n diolch ni fel rhieni yn ddiddiwedd iddyn nhw i gyd hyd heddiw. Adeiladwyd ar y llwyddiant hwnnw pan aeth i'r coleg ym Mhen-y-bont, i Weston House, uned breswyl ar gyfer pobol ifanc ag anghenion arbennig.

Os taw i bellafoedd Pen-y-bont yr aeth Meilir, i America bell yr aeth Lowri, ei chwaer hynaf. Roedd hi wedi ymweld â'r wlad gyda chriw o'i ffrindiau, ac fe syrthiodd mewn cariad â'r lle. I dorri stori hir yn fyr, mae hi'n dal yno, a bellach wedi cael gwaith ac wedi dod o hyd i ŵr! Pan ofynnodd i mi gâi hi fynd i astudio yn America dwi'n meddwl fy mod i wedi gweld cyfle iddi hi fyw y freuddwyd oedd gen i pan own i yn fy arddegau. I mi, America – Califfornia a San Francisco'n arbennig – oedd canol y bydysawd ar un adeg; yno roedd y mudiad 'Flower Power' a'r gerddoriaeth rown i'n ei charu, yno roedd yr arfordir a'r traethau a'r haul rown i'n eu gweld yn y sinema ar fore Sadwrn. Doedd dim un gobaith yn y byd i'r Delwyn Siôn ifanc fynd yno, ond mi roedd cyfle i fy merch, er fy mod i'n bryderus iawn yn ei gadael hi yno ar gampws Coleg Ohio ar ddechrau ei thymor cyntaf. Mae gan bob breuddwyd fawr ei phris, ond roedd rhywbeth yn dweud wrtho i y byddai hi'n iawn, a diolch i'r drefn mi roedd.

Os mai gwireddu breuddwyd ei thad wrth fynd i America wnaeth Lowri, wel gwireddu breuddwyd o fath arall wnaeth fy ail ferch, Marged. Wedi ennill gradd Gerddoriaeth ymunodd â band o'r enw Self Esteem a chael cyfle i ganu'n broffesiynol. Mae hi wedi perfformio mewn cyngherddau di-ri ar hyd a lled y byd bellach, a pherfformio ar raglenni teledu Graham Norton, James Corden yn LA, a Jools Holland. Ond yn fwy na'r rhain i gyd, wrth gwrs … cael cyfle i ganu gyda'i thad! Tad sy'n falch iawn, iawn ohoni. Do fe wireddwyd rhai o 'mreuddwydion i gan y merched, ond yn bwysicach, fe gawson nhw wireddu eu breuddwydion eu hunain.

Wrth baratoi i sgrifennu'r llyfr hwn rown i'n gwybod y byddai'n rhaid i mi rannu profiadau a gwybodaeth, a chyfaddef ambell i beth, ond dwi ddim yn gwybod a ddylen i rannu'r wybodaeth nesaf yma, a chyfaddef taw … wel … fi laddodd Brandon! O ie, a Courtney! A fi oedd yn gyfrifol am ddifa buches Pen Rhewl, troi bws y clwb rygbi drosodd, a hynny pan oedd y pwyllgor yn dal ynddo fe; llosgi fflat y siop sglodion a chartref

Sara a Jason, gollwng Jim drwy do'r capel, carcharu Gari (sawl gwaith!), claddu Denzil (unwaith!), taflu Sioned lawr clogwyn, chwythu Dani lan a chael babi gyda hi ar y stryd adeg y Nadolig!! Wir! Ond dyna ni, dyna oedd fy hanes wrth gyfarwyddo *Pobol y Cwm* yn ystod yr ugain mlynedd ddiwethaf, a jiw, 'nes i joio. Er, dwi ddim yn siŵr os oedd y cast wedi joio cymaint, achos ar un cyfnod rown i'n teimlo fel y Grim Reaper – bob tro rown i yn y gwaith roedd un ohonyn nhw'n siŵr o ddiweddu lan naill ai mewn carchar, ysbyty neu fynwent!!

Diolch byth, byd afreal yw byd yr opera sebon, ond yn y flwyddyn 2020 fe effeithiwyd ar y byd afreal hwnnw gan y byd go iawn gyda dyfodiad Cofid-19. Fe ddaeth y wlad i stop a daeth *Pobol y Cwm* i stop. Ond yna ar ôl rhyw flwyddyn fe benderfynwyd ailgychwyn recordio, a hynny dan yr amodau rhyfeddaf.

Roedd cadw pellter cymdeithasol a gwisgo masgiau a golchi dwylo yn dal mewn grym, ac roedd pawb yn eithriadol o bryderus. Doedd neb am ddal y clwyf erchyll yma, ac yn bendant ddim am fynd ag e 'nôl at eu teuluoedd. Felly, gofal piau hi. Gofal, gofal, a mwy o ofal. Sut oedd cynnal ymarferion gyda'r actorion? Yr ateb – Zoom. Gair oedd fel arfer yn y byd teledu yn cael ei gysylltu â chamerâu, ond bellach dull gwerthfawr o gysylltu oedd Zoom. Ar Zoom felly y cynhaliwyd yr ymarferion. O ran trefn y rhaglen, fe gynlluniodd yr awduron olygfeydd oedd yn cynnwys dau berson ran fynychaf, tri ar y mwyaf, ac yna gwaith y rheolwr llawr a'r cyfarwyddwr oedd sicrhau bod yr actorion a'r gwŷr camera a sain, a phawb arall oedd ar lawr y stiwdio, o leiaf chwe throedfedd oddi wrth ei gilydd. Byddai pob aelod o'r staff yn gwisgo masg trwy gydol y diwrnod gwaith, a byddai pob actor yn gwisgo masg i ymarfer cyn ei dynnu ar yr eiliad olaf cyn recordio, arfer llai na delfrydol gan ei bod yn anodd deall beth yn union oedd yn cael ei ddweud. (Er, yn achos ambell i actor ...!!) Yna, unwaith y byddai'r olygfa wedi'i chwblhau byddai'n rhaid ailwisgo'r masg yn syth.

Pe bai angen gwneud yr olygfa yr ail waith am unrhyw reswm, yna byddai'n rhaid dilyn trefn fanwl. Yr actorion i adael y stiwdio. Yr adrannau camera a sain i fynd i ardaloedd diogel. Yr adran gelf i ddod i'r stiwdio i lanhau pob dim a gafodd ei gyffwrdd, cyn gadael y stiwdio drachefn, a chaniatáu i'r actorion ddychwelyd. Yna byddai'r gwŷr camera a sain yn dychwelyd i'w safleoedd penodol ar lawr y stiwdio, yr actorion yn tynnu eu masgiau, mi fydden i'n gweiddi 'Action' ac mi fydden ni'n recordio'r olygfa eto. Dyna oedd y drefn, a byddai hynny ar gyfer pob golygfa. System drafferthus a rhwystredig, ond gwbwl angenrheidiol, a diolch i ofal ac amynedd pawb ar lawr y stiwdio, rywsut fe ddaethon ni i ben, ac fe aeth bywyd arwyr afreal Cwmderi yn ei flaen. Ar ddiwedd y dydd, wrth ddychwelyd i'r byd go iawn, a gweld y sefyllfa yn ysbytai a chartrefi gofal y wlad, rown i a phawb arall yn sylweddoli bod yr hyn oedd yn drafferth yn ystod ein dydd gwaith ni yn ddim oll i'w gymharu â thrafferthion aruthrol ac ymdrechion arwrol gweithwyr y Gwasanaeth Iechyd, gweithwyr oedd yn bodoli'n barhaus mewn sefyllfa o fywyd a marwolaeth. Arwyr go iawn.

Heblaw am weithio ar *Pobol y Cwm* yn ystod y Cofid, fe dreuliais i'r rhan fwyaf o f'amser naill ai'n yr ardd, neu'n cysylltu ag aelodau'r capel a chreu gwasanaethau ar-lein, a hynny am fy mod i wedi cychwyn fel Arweinydd Tŷ Cwrdd Bethlehem, Gwaelod-y-garth, ychydig cyn i'r pla ein cyrraedd. Nawr, o ddarllen am fy mhrofiadau gyda'r mudiad Efengylaidd yn ystod fy mlynyddoedd coleg, mae'n siŵr eich bod chi'n meddwl bod rhywbeth o'i le arna i yn mentro i fyd crefydd drachefn. Ond mae'r math o Gristnogaeth dwi'n ei arddel y dyddiau hyn yn gwbwl wahanol i'r math o Gristnogaeth rown i'n ei arddel hanner can mlynedd yn ôl. Dwi'n arweinydd ar gynulleidfa eangfrydig ac annibynnol eu barn, cynulleidfa sy'n awyddus i wasanaethu ei gilydd ac eraill, ac maen nhw'n barod iawn i faddau bai – fel arall fydden i wedi cael fy 'nhwlu ma's' ers tro! O, ac arweinydd, nid gweinidog, ydw i. Cyfrifoldeb, nid galwad, arweiniodd fi at y swydd. O, ac annerch ydw i, nid pregethu. Sdim hawl gyda fi i bregethu wrth neb. O, ac un peth arall, er mai Annibynnwr ydw i, geiriau'r bardd-bregethwr o Undodwr, D. Jacob Davies, yn ei gerdd 'Tŷ fy Nhad' sy'n crisialu sut dwi'n deall gwerth a phwrpas capel a Christnogaeth cyfoes – cerdd sydd ar y wal o 'mlaen i wrth i mi ysgrifennu hyn o eiriau:

> Tŷ rhyddid yw hwn; yn gofalu am urddas a gwerth pob person a phlentyn.
> Y mae ei bobl yn dyner eu dwylo, a charedig eu geiriau, ac nid oes yma erlid ar neb am farn onest ...
> Cymun bendigaid y tŷ hwn yw'r ymchwil wylaidd am y gwirionedd sy'n goleuo ac am y weledigaeth sydd yn ysbrydoli gweithredoedd da.

Dwi'n ddiolchgar i D. Jacob Davies am y gerdd, ond dwi hefyd yn ddiochgar iddo am fod yn rhan o'r ymgyrch i sefydlu ysgol gynradd Gymraeg yn Aberdâr ym 1949, a dyna ni'n ôl yng Nghwm Cynon unwaith yn rhagor; ie, gwyn eu byd y rhai plwyfol. A 'nôl i fy ngwreiddiau yn y Cymoedd yr es i wrth gyfansoddi fy nghaneuon diweddaraf ar gyfer y cryno-ddisg *Arfer Dod â Blode*.

Mi wnes i wir fwynhau paratoi'r caneuon am William B. James ar gyfer y CD *Chwilio am America*, y darllen, yr ymchwil a'r recordio, a hefyd ymweld â'i gartref draw yn sir Benfro. Fe sefais o dan yr hen dderwen ar dir fferm Pen Cnwc, a'i ddychmygu'n edrych tua'r gorllewin i gyfeiriad y môr, ar fin cychwyn ar ei antur fawr, heb wybod beth fyddai ei dynged. Wrth wneud hynny mi feddyliais am dylwyth fy nhad oedd wedi byw nid nepell o'r fferm, ac wedi edrych ma's ar yr union fôr, ond yn lle mudo i'r gorllewin fe aethon nhw i'r dwyrain, i'r hen sir Forgannwg, ac yn yr eiliad honno fe groesodd fy meddwl os oedd William B yn haeddu casgliad o ganeuon, wel 'sbosib bod teuluoedd fy nhad a fy mam yn haeddu casgliad hefyd. Ar ben hynny, roedd awydd wedi bod yn tyfu ynof i ers sbel i ailgysylltu â 'ngwreiddiau. Pynciau rhyngwladol a lluniau a delweddau a straeon pobol eraill oedd wedi denu fy mryd fel cyfansoddwr ers degawdau, ac er bod rhywfaint ohono'i yn ymwthio i'r caneuon yna, rown i awydd tynnu pethau'n nes adre a rhoi sylw i hanes a theimladau fy mhobol fy hun.

Dechreuais i wrth whilmentan am hen luniau lan yn y groglofft, yna gwneud mwy o ymchwil i'r goeden deuluol, yn y gobaith o ddod o hyd i rywun enwog neu anghyffredin fyddai'n destun da i gân. Yng nghefn fy meddwl roedd rhyw atgof bod Dat-cu wedi sôn wrtho i bod ei deulu'n perthyn i dywysogion Brycheiniog. Jest y peth! Bant â fi i chwilio! Ond na, doedd dim golwg o fardd na baledwr o fri heb sôn am dywysog; pobol gyffredin ddosbarth gweithiol oedd fy nghyndadau a mamau i gyd. Ond doedd dim ots 'da fi; roedd fy nheulu, er yn gyffredin, yn hen ddigon arbennig i mi, a byddai hynny'n siŵr o fod yn ddigon i ysgogi'r awen, a byddai'r caneuon yn llifo'n ddidrafferth ... mmm, dyna feddyliais i, ond nid dyna fu'r hanes – ddaeth dim didl dim didl dim dim dim. Ond, yna, yn annisgwyl, fe ysbrydolwyd un gân; rhyddhawyd yr atgofion, atgofion llawen, ie, ond hefyd llu o atgofion trist a esgorodd ar y caneuon mwya personol i mi eu cyfansoddi ers yn agos i hanner canrif, caneuon, a dweud y gwir, fydden i ddim wedi gallu eu cyfansoddi hanner canrif yn ôl. Roedd angen amser arnyn nhw cyn cael eu cyfansoddi.

Pan o'n i'n grwt saith mlwydd oed mi fydden i wrth fy modd yn mynd gyda Mam ar bnawn Sadwrn i lawr i Gwm Nedd. Mynd i dŷ Owa Wil a Bopa Mêri gyntaf, a chael hanes holl bobol Brynaman gan Bopa Mêri, er bod gyda fi ddim syniad pwy oedd eu hanner nhw! (Gallwch chi gymryd y ferch ma's o Frynaman ond ...) Cyn gadael y tŷ, byddai'n rhaid i mi ganu iddyn nhw, ac rown i'n fwy na bodlon gwneud achos erbyn diwedd y gân byddai Owa Wil wedi gwasgu pishyn chwech i fy llaw. Lawr i dŷ Mam-gu a Dat-cu wedyn i gael te, mwy o sgwrsio teuluol, a chwerthin hyd at ddagrau yn aml yn y gegin gefn. Roedd yn dŷ llawen, ac yn gartref i Mam-gu a Dat-cu a Bopa Bet a'i mab Max, sefyllfa roedd crwtyn bach saith mlwydd oed yn ei derbyn yn gwbwl naturiol. Flynyddoedd yn ddiweddarach fe ges i wybod pam.

Gyda thwf y Cymoedd fe ddaeth 'na bobol o bob man i weithio'n y pyllau glo, gan gynnwys gwŷr o Gernyw a Gwlad yr Haf, ac un o'r parthau hynny oedd Leonard Boyce. Bu'n gweithio yn y Rhondda'n gyntaf cyn symud i Gwm Nedd, ac yno fe gwrddodd â Bopa Bet. Syrthion nhw mewn cariad, a phriodi. O fewn dim roedd Bopa Bet yn disgwyl, a bu dathlu a llawenhau, ond o fewn ychydig fisoedd daeth tristwch i'r tŷ pan laddwyd Len mewn damwain dan ddaear. Cafodd y wraig ifanc ei hun yn weddw, a chafodd y plentyn yn y groth, fy nghefnder Max Boyce, erioed gwrdd â'i dad. Mae'n stori drist, ac yn brofiad roedd sawl teulu ar draws y Cymoedd yn gyfarwydd ag e. Stori doedd y crwt bach saith mlwydd oed yn gwybod dim amdani, stori doedd y crwt saith ar hugain oed ddim yn ei llwyr amgyffred, ond stori roedd y crwt saith deg oed yn ei deall yn well, ac yn awyddus i'w hadrodd ar gân er mwyn dathlu dewrder fy modryb. Fe gefais ganiatâd Max i adrodd yr hanes, a dyna yw'r gân 'Hwiangerdd Elizabeth', hwiangerdd gan y fam, sy'n sôn am y tad wrth y plentyn yn y crud:

> Gei di gario ei enw, gei di gario'i dras,
> Gei di gario'i alawon o'r moroedd mor las,
> Gei di gario'i ddireidi, direidi y glo,
> A gwneud i mi chwerthin eto.

A do, fe lwyddodd Max i wneud i'w fam chwerthin eto. Ei fam, a gweddill y genedl.

Os mai llawenydd roedd y crwt saith mlwydd oed yn ei brofi yn nhŷ Bopa Bet, nid felly roedd hi yn nhŷ Bopa Rene. Rown i'n dwli ar Bopa Rene, ond roedd gas gyda fi Owa Wilff ei gŵr. Anaml y byddai'n ymuno â ni i sgwrsio. Byddai'n cadw ei hun iddo'i hun, a phan ddele fe i'n cwmni roedd hi'n 'cowin' hyn a 'cowin' llall, a 'go fetch' hyn a 'go fetch' y llall wrth Bopa Rene. Roedd hyd yn oed y crwt seithmlwydd yn gallu teimlo'r tensiwn. Dyn garw oedd Wilff. Flynyddoedd yn ddiweddarach fe ges i wybod bod Mam a Bet a Wil wedi gorfod arbed fy nhad-cu rhag rhoi coten iddo fe sawl gwaith am ei fod mor gyson gas gyda Rene. Os nad oedd cinio Wilff yn dwym ac ar y ford yr eiliad roedd e'n cerdded mewn o'r gwaith, byddai'n taflu'r plât a'i gynnwys i'r llawr, ac mi fyddai 'na ddwrn yn cael ei godi. Yn anffodus, dyma sefyllfa oedd yn rhy gyffredin ar draws cymoedd y de – gwŷr yn rheoli eu gwragedd. Cafodd Bopa Rene fywyd anodd, bywyd doedd hi ddim yn ei haeddu.

Pam wnes i ddim cyfansoddi'r caneuon yma am Bet a Rene ynghynt? Dwi wir yn teimlo bod rhaid i mi gyrraedd yr oedran ydw i nawr i amgyffred eu sefyllfaoedd go iawn, a deall eu teimladau a'u hemosiynau cyn mentro canu amdanyn nhw. Roedd angen amser.

Ac mae'n amser i mi ddod â'r atgofion yma i ben, gan ffarwelio â chi, ddarllenwyr hoff (ac amyneddgar), gyda hanes y gân 'Môr-ladron Maes y Dre'. Cân am fy mhlentyndod yw hi, a'r gân gyntaf i mi ei chyfansoddi ar gyfer y CD diweddaraf. Dim byd annisgwyl yn y fan honno, meddech chi, ond wedyn falle byddech chi'n disgwyl mai trip yn ôl i fy milltir sgwâr yn Aberdâr fyddai'r ysbrydoliaeth i'r gân, ie? Na! Trip i Missouri yn yr Unol Daleithiau oedd yr ysbrydoliaeth, a hynny yng nghwmni John John, tad Justin fy mab yng nghyfraith. Teithio yn ei gar yr oedden ni pan ddangosodd hen dŷ pren traddodiadol Americanaidd i mi, tŷ tebyg i'w dŷ genedigol, medde fe. Aeth ati i sôn wedyn am sut roedd e a'i ffrindiau yn chwarae cowbois ar y 'front porch'. Doedd dim 'front porch' gyda ni, medde fi yn eiddigeddus, dim ond 'ma's y bac', ac yn y fan honno rown i'n chwarae. Chwarae llawn dychymyg, dychmygu bod yn gowboi, neu'n filwr, neu'n fôr-leidr, yng nghwmni môr-ladron fel 'Môr-ladron Maes y Dre'.

Mae'n anodd i chi gredu, dwi'n siŵr, ond ambell waith doedd

yr haul ddim yn gwenu'n ddi-baid ar Gwm Cynon ac ar Faes-y-dre, yr ardal lle ges i fy magu yn Aberdâr, ac ar y dyddiau hynny pan fyddai'r tywydd yn wamal, a'r cwm neu'r parc yn rhy bell i grwydro iddyn nhw rhag ofn y dele hi i ddiwel hi lawr 'da'r glaw, wel, 'whare ma's y bac' amdani! A ma's yn y bac, yng ngwaelod yr ardd, roedd sied fy nhad, yn llawn o drugareddau, ac mi fydden i'n tynnu pob math o bethau ma's o'r sied – hen fwrdd fformeica, mangl, cortyn a phrennau pys – a gyda'r amrywiol bethau yma mi fydden i'n adeiladu llong hwyliau, y 'man-o-war' peryclaf, cyflymaf a harddaf a fu erioed, ac yn fy nychymyg mi fydden i a fy nghyd-fôr-ladron yn hwylio ar draws y Caribî, gan frwydro'n ffordd o borthladd i borthladd, o fuddugoliaeth i fuddugoliaeth nes ... nes ... nes bod llais fy mam yn fy ngalw i mewn cyn bod y glaw yn cyrraedd!

Er taw cân am blentyndod yw hi yn y bôn, mae hi hefyd yn gân am dyfu'n hŷn, ac wrth dyfu'n hŷn mae 'na lais arall yn galw, ac mae'r llais hwnnw wedi galw sawl un o 'nghyfeillion yn ddiweddar, a hynny'n rhy gynnar o lawer. Mi rydw i, a brawdoliaeth y bandiau, wedi colli Charlie Britton a John Griffiths, Wyn a Richard Jones (Ail Symudiad) Cefin Davies (Fflach), Dave Burns (Yr Hennessys), a John Davies (Eliffant). Mae 'na golled fawr ar eu hôl, a fy mraint i a llawer un arall oedd rhannu eu doniau a'u cyfeillgarwch.

Mae'r môr-leidr yma wedi cyrraedd oed yr addewid, ac mae 'na gryn dipyn o ddŵr wedi mynd o dan y bont rhwng y Rock a'r Rex yn 'sweet 'Berdâr'. Ma' lot o brofiadau wedi dod ar draws y crwt bach oedd yn edrych yn freuddwydiol i mewn i fflamau'r tân glo yn y grât yr holl flynyddoedd yna'n ôl, profiadau pleserus a phrofiadau allen i'n rhwydd iawn fod wedi byw hebddyn nhw. Do, bu dyddiau du yn fy hanes i, a hanes fy nheulu, gyda chyfnodau hir o dostrwydd, iselder a dibyniaeth, cyfnodau a phrofiadau fyddai wedi gallu'n rhwygo, ond dwi'n falch o ddweud mai ein tynnu ni at ein gilydd wnaethon nhw. Person cwpan hanner llawn dwi wedi bod erioed am wn i, ac wrth edrych yn ôl dros ddeg a thrigain o flynyddoedd, dwi'n meddwl 'mod i wedi bod yn ffodus iawn. Yn ffodus o dderbyn magwraeth arbennig o hapus, cyfeillion da, gwaith wrth fy modd, y cyfle i ganu ar lwyfannau ar draws y wlad, ac yn bennaf oll, bod yn rhan o deulu dwi'n ei garu.

Felly, i bawb ohonoch chi a rannodd y daith, diolch.

Mi roedden nhw'n 'ddyddie da'.

*Atgofion drwy Ganeuon – y gyfres sy'n gefndir
i fiwsig ein dyddiau ni*

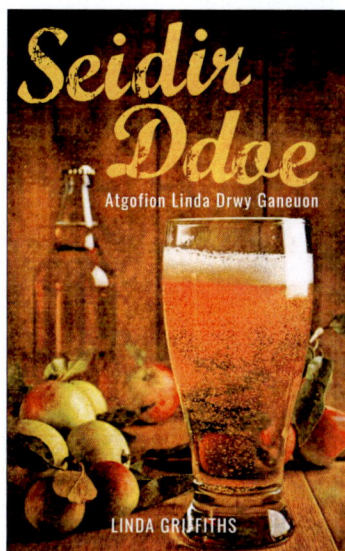

Linda
yn adrodd straeon
SEIDR DDOE
ÔL EI DROED
PENTRE
LLANFIHANGEL
TÂN YN LLŶN
a chaneuon eraill

Ems
yn adrodd straeon
YNYS LLANDDWYN
COFIO DY WYNEB
PAPPAGIOS
Y FFORDD AC YNYS
ENLLI
a chaneuon eraill

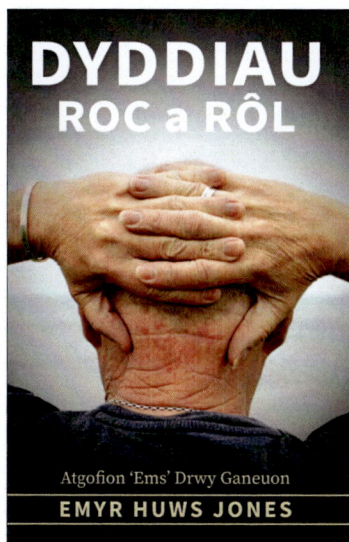

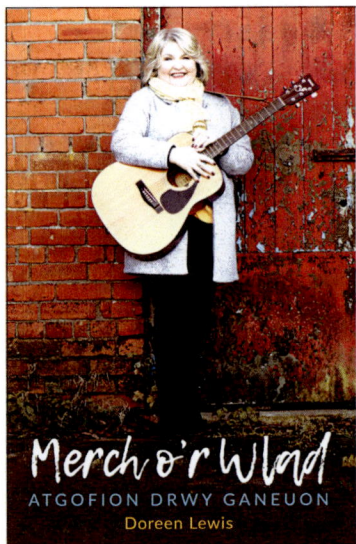

Doreen
yn adrodd straeon
RHOWCH I MI GANU
GWLAD
SGIDIAU GWAITH FY
NHAD
NANS O'R GLYN
TEIMLAD CYNNES
a chaneuon eraill

Richard Ail Symudiad
yn adrodd straeon
Y FFORDD I SENART
TRIP I LANDOCH
GRWFI GRWFI
CEREDIGION
MÔR A THIR
a chaneuon eraill

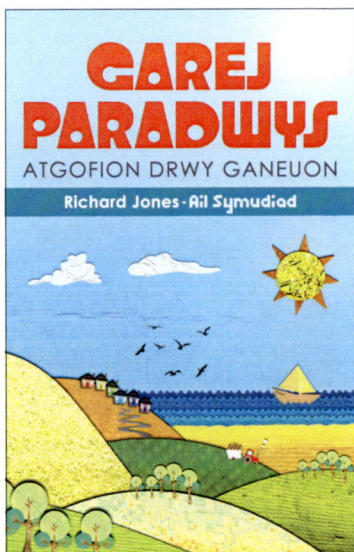

Y Cyrff
yn adrodd straeon
CYMRU LLOEGR A
LLANRWST
ANWYBYDDWCH NI
DEFNYDDIA FI
IFANC A FFÔL
a chaneuon eraill

Geraint Davies
yn adrodd straeon
DEWCH I'R LLYSOEDD
HEI, MISTAR URDD
UGAIN MLYNEDD YN
ÔL
CYW MELYN OLA
a chaneuon eraill

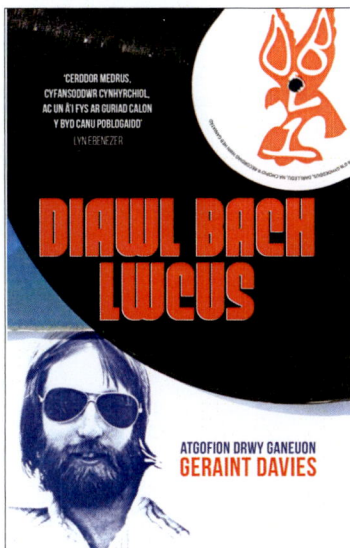

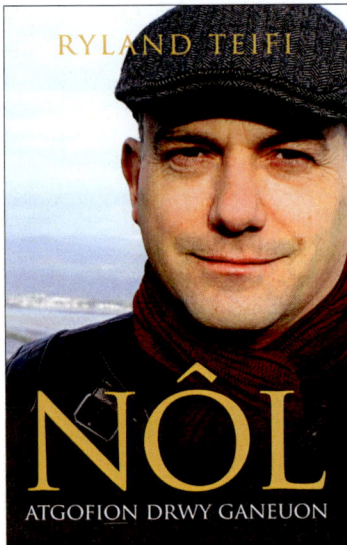

Ryland Teifi
yn adrodd straeon
NÔL
YR ENETH GLAF
BRETHYN GWLÂN
LILI'R NOS
PAM FOD EIRA
YN WYN
MAN RHYDD
a chaneuon eraill

Neil Rosser
yn adrodd straeon
OCHR TREFORYS O'R
DRE
DYDDIAU ABER
MERCH Y FFATRI
DDILLAD
GITÂR NEWYDD
a chaneuon eraill

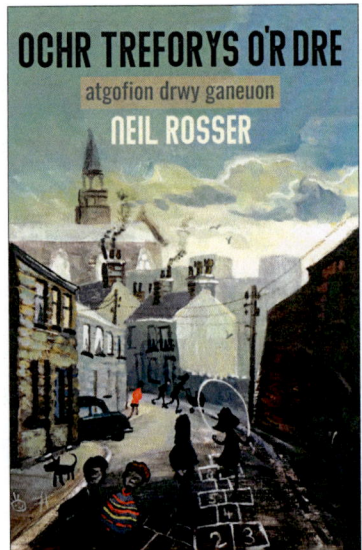

Tudur Morgan
yn adrodd straeon
LLWYBRAU DDOE
ENFYS YN ENNIS
STRYD AMERICA
GIATIA GRESLAND
PORTH MADRYN
a chaneuon eraill

Dafydd Iwan
yn adrodd straeon
YMA O HYD
PAM FOD EIRA
YN WYN
ESGAIR LLYN
OSCAR ROMERO
HAWL I FYW
a chaneuon eraill

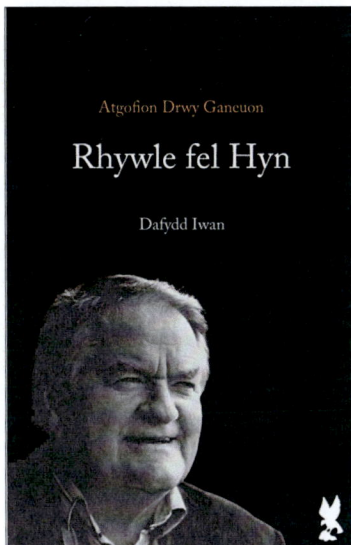

Atgofion Drwy Ganeuon

Rhywle fel Hyn

Dafydd Iwan

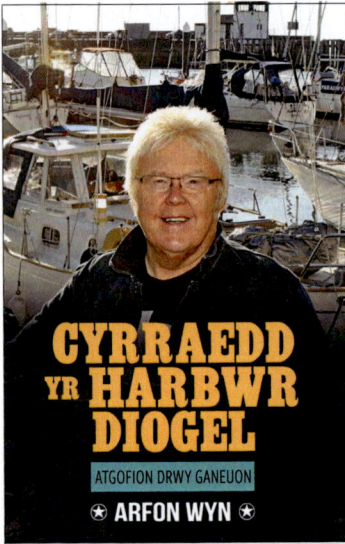

Arfon Wyn
yn adrodd straeon
CREDAF
FE GODWN ETO
PAID Â CHAU Y DRWS
CYN I'R HAUL FYND
LAWR
HAUL AR FRYN
a chaneuon eraill

Hywel Gwynfryn
yn adrodd straeon
Y DYN 'NATH DDWYN
Y DOLIG
PENRHYN LLŶN
DAGRAU'R GLAW
ANFONAF ANGEL
a chaneuon eraill

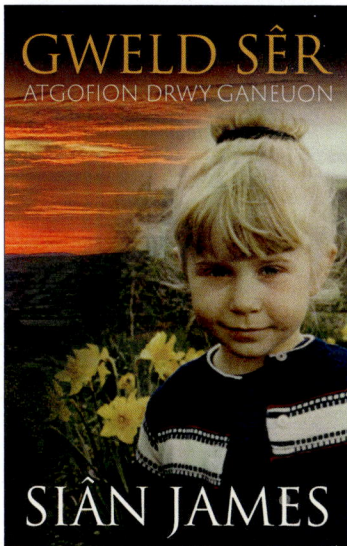

Siân James
yn adrodd straeon
AR FORE DYDD
NADOLIG
Y LLYN
HEN GLOC FY NHAID
GWELD SÊR
ERYR ERYRI
a chaneuon eraill

Twm Morys
yn adrodd straeon
TRÊN BACH Y
SGWARNOGOD
Y DERYN DU
FFAIR Y BALA
CÂN BEGW
a chaneuon eraill

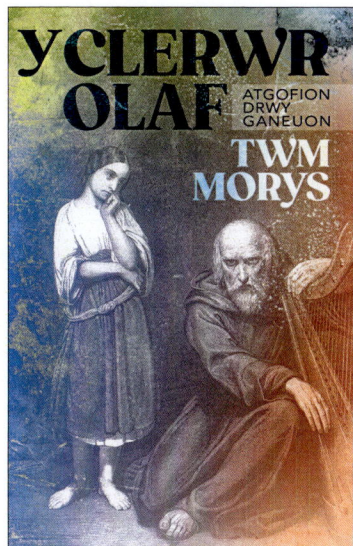

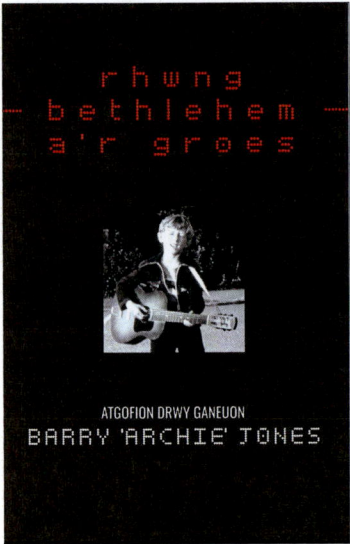

ATGOFION DRWY GANEUON
BARRY 'ARCHIE' JONES

Barry 'Archie' Jones
yn adrodd straeon
RACHUB
DWI'N AMAU DIM
TAWEL FAN
UN FUNUD FACH
RHWNG BETHLEHEM
A'R GROES
a chaneuon eraill